人気 No.1「内定塾」が教える！

今までなかった エントリーシート 履歴書の文章講座

内定塾　高嶌悠人・宮川洋　著

JN294776

三修社

はじめに

「 文章力を高める 」

　多くの学生が今まで意識もしなかったことだと思います。
　実際、私が企業で働きだすまで、本格的に文章を書いたのは読書感想文くらいでした。文章力を高めようとも思ったことすらなかったのです。
　しかし、社会人として働き出して初めて「文章力」の大切さに初めて気づくことになるのでした。毎日何十通とＥメールを送り、会議では議事録を書き、クライアントへの提案のために企画書、提案書を作成……。文章を書かない（パソコンで作成しない）日はありませんでした。
　そして、「大学生のときにもっと文章力を高めておけばよかった」と毎日のように後悔しました。この後悔をしないために、就職活動におけるエントリーシートを通して文章力を高めて欲しい。
　そして、就職活動で最高の結果を出すだけでなく、社会人としても活躍して欲しい。
　このような想いでつくられたのが本書です。

　その中で、内定塾で今まで1万通を超えるエントリーシートを添削して蓄積したエントリーシート通過のコツと、分かりやすい文章を書くノウハウを凝縮して掲載しました。就職活動を行う学生だけではなく、社会人の方にも読んでほしい一冊を作り上げられたと思います。

　内定塾の塾生はもちろん、塾生以外の方もぜひ本書で文章力を高め、就職活動に挑んでください。企業の選考における第一関門と言えるエントリーシート選考に通過することが、就職活動での成否を決める大きな要因になってくるのは間違いありません。
　エントリーシートの作成に力を入れることこそ、第一志望企業内定への近道となるはずです。

　ぜひ本書を最大限に活用して、エントリーシート選考の通過そして第一志望企業の内定を目指してください。

　あなたの就職活動において最高の結果が得られることを心から願っています。

高嶌悠人

本書の使い方

　あなたにより効果的に学びを得ていただくために本著の利用方法をお伝えしておきます。

　世阿弥の「花伝書」や千利休が残した茶道の心得に「守・破・離」という考え方があります。

　この「守・破・離」は、茶道・剣道・柔道といった「道」を極めるステップとしてよく使われています。

シュ　ハ　リ
守・破・離

「規矩作法守りつくして破るとも離るるとても本を忘るな」（利休道歌より）

※規矩作法：規範、お手本

【 守 】：教えを忠実に守る
【 破 】：自分の工夫を入れて教えを破ることを試みる
【 離 】：学んだ内容に自分のオリジナリティを加えて自分の方法を確立する

※ ただし、本質を忘れてはいけません。

　本著も下記のように「守・破・離」のステップを踏まえ構成しています。

守
【 第1章　エントリーシート・履歴書を書く事前準備 】
【 第2章　つたわるエントリーシート・履歴書を書く48のポイント 】

破
【 第3章　添削事例 】

離
【 あなた自身のエントリーシート 】

～ 守 ～

　第1章では、エントリーシートや履歴書を書く際に知っておきたい知識や文章を書く上で重要な文章構成の考え方についてお伝えしています。
　第2章では、つたわる文章を書くコツを48つのポイントに分けて紹介しています。
　この第1章、第2章が文章を書く上での基本になります。
　この基本を完璧にマスターすることが「守」のステップになります。

～ 破 ～

　第3章では、様々な設問に対して、様々な話題の添削事例を掲載しています。
　この添削事例と、自分の経験を照らし合わせ、どのように伝えれば自分らしさが伝わるのかを考えてみてください。
　そして、添削事例を参考に、実際に自分の経験でエントリーシートを書いてみましょう。
　何度も第1章、第2章を読み返しながら、あなたらしさを表現してみてください。
　これが「破」のステップです。

～ 離 ～

　いよいよ実際に就職活動で提出するエントリーシートを書きあげます。
　今まで学んだことを生かして、自分らしいエントリーシートを作成していってください。
　提出先の企業を研究し、何が求められ、自分のどのような良さを伝えるべきなのかを考えながら書くとよりよいエントリーシートになるはずです。
　これが「離」のステップです。
　本著の内容をマスターすればライバルには負けない文章力になっているはずです。
　自信をもって自分らしさを表現すれば、きっとよい結果が得られることでしょう。

　さらに、社会人になれば・・・
「第1章（文章構成について書かれた部分）」、「第2章」
　この部分を繰り返して読むようにして理解を深めてください。
　社会人になれば文章を書く機会が増えます。
　その際の参考資料として本著を活用していただけると幸いです。

ひと目でわかる第1章のエッセンス

知っておきたいこと
- エントリーシートは、多くの場合、面接選考で面接官の参考資料となるので面接を見据えて書きましょう。
- 頻出質問は、「学生時代に力を入れたこと」、「自己PR」、「志望動機」。実際の選考が始まる前にでも、一度文章で書いてみましょう。
- エントリーシートは基本的には「WEBエントリーシート」と「手書き（用紙）のエントリーシート」の2種類です。それぞれに対しての書く工夫を考えましょう。

文章構成
- 文章構成を大まかに決めてから文章を書きはじめましょう。
- 各質問に対しての基本的な文章構成を理解してあなたのエントリーシートに応用しましょう。

つたわる文章を書くための考え方
- 読み手のことをイメージして、読み手の立場になって書きましょう。
- 文章を通してどういった印象を伝えたいのかを考えることで、伝えるべきメッセージを明確にしましょう。（『あなたって○○○○○な人だね。』と言われるなら何と言われたいか）
- 文章のつながりを考えながら書きましょう。（一文目は二文目につなげるために書き、二文目は三文目につなげるために書く）

ひと目でわかる第2章のエッセンス

短く書く
- 「1文をできるだけ短く書く」これがつたわる文章を書くうえでの基本中の基本。

文章のつながり
- 接続語を効果的に使って、文章のつながりを分かりやすく読み手に伝えましょう。

| 一文字一文字を大切に！ | ・ エントリーシートのように文字制限がある文章では、特に一文字一文字を大切に書きましょう。たった一文字で伝わり方が変わりこともあるので要注意。 |

| 同じ表現を繰り返さない | ・ 同じ表現、同じ接続語、同じ文末等、伝えるべきキーワードでもない表現を繰り返さないようにしましょう。 |

| 知っておきたい表現 | ・ 尊敬語、謙譲語、ビジネス用語等、社会人になって知らないと恥をかく表現を紹介しています。この機会に覚えておきましょう。 |

ひと目でわかる第3章のエッセンス

| 添削事例を通しての復習 | ・ 添削事例を通して、本著の内容をされに復習できるようにしています。本著を読み返しながら、添削事例を読み込んでください。
・ 面接官がどういった質問をするかを考えながら読むと新たな気づきもあるはずです。「なぜ？」、「どうして？」、「どのように？」と問いかけながら読み進めていくことをお勧めします。 |

| ES提出前チェックシート | ・ エントリーシートを提出する前に、再度チェックしたいポイントをチェックシート形式でまとめています。ぜひ今後の選考にお役立てください。 |

今までなかった エントリーシート 履歴書の文章講座

第1章　エントリーシート・履歴書を書く事前準備

- 就職活動の流れ …………………………………………………… 14
- 就職活動におけるエントリーシートの位置づけ ……………… 16
- エントリーシートでの頻出質問（ベスト3） …………………… 18
- エントリーシートでの頻出質問（その他） ……………………… 20
- エントリーシートを書く上でのポイント ……………………… 22
- 手書きのエントリーシートでのポイント ……………………… 24
- webエントリーシートでのポイント …………………………… 26
- 履歴書を書く際のポイント ……………………………………… 28
- コミュニケーションの基本 ……………………………………… 30
- 文章も第一印象が大切 …………………………………………… 32
- 文章構成の基本 …………………………………………………… 34
- 三部構成の文章例（学生時代に力を入れたこと） ……………… 36
- 三部構成の文章例（自己PR） …………………………………… 38
- 三部構成の文章例（志望動機） …………………………………… 40
- 読み手の記憶（印象）に残すためには …………………………… 42
- 読み手の記憶（印象）に残す方法 ………………………………… 44
- エントリーシートの文章構成（学生時代に力を入れたこと） … 46
- エントリーシートの文章構成（自己PR） ……………………… 48
- エントリーシートの文章構成（志望動機） ……………………… 50
- 文章を書く準備 …………………………………………………… 52
- メンタルモデルを意識した書き方 ……………………………… 54
- 常体と敬体の使い分け …………………………………………… 56

CONTENTS

第2章 つたわるエントリーシート・履歴書を書く48のポイント

1　1文をできるだけ短くする……………………………………58
2　1文には1つのメッセージ……………………………………60
3　主語と述語は近接させる………………………………………62
4　主語を短くする…………………………………………………64
5　否定形はできる限り使わない…………………………………66
6　伝えたい内容を明確に伝える…………………………………68
7　因果関係を正確に伝える………………………………………70
8　問題点と解決策の関係を正確に伝える………………………72
9　省略された主語に注意する……………………………………74
10　省略できる主語をあえて使う…………………………………76
11　読み手が知らない可能性のある言葉は説明する……………78
12　述語の共用に注意………………………………………………80
13　述語を2つ重ねない……………………………………………82
14　キーワードを次文で受け継ぐ…………………………………84
15　修飾語の位置に注意する………………………………………86
16　箇条書きの使い方………………………………………………88
17　「たり」の使い方………………………………………………90
18　「とか」の使い方………………………………………………92
19　「など」の使い方………………………………………………94
20　「　」の使い方…………………………………………………96
21　「こと」「もの」の使い方……………………………………98
22　接続語を理解する………………………………………………100
23　逆接の接続語の使い方…………………………………………102
24　「また」の使い方………………………………………………104

今までなかった エントリーシート 履歴書の文章講座

25	接続語一覧	106
26	話し言葉表現	108
27	ら抜き言葉	110
28	必要な場合の助詞「て」「に」「を」「は」は省略しない	112
29	できれば使いたくない表現	114
30	同じ表現や単語の多用はやめる	116
31	同じ接続語の多用	118
32	「思います」の多用	120
33	同じ文末表現の多用	122
34	「の」の多用	124
35	重複表現（重言）	126
36	「ひらがな」と「カタカナ」	128
37	1文字1文字を大切にする「も」	130
38	1文字1文字を大切にする「が」と「は」	132
39	1文字1文字を大切にする「まで」「さえ」「すら」	134
40	間違いやすい漢字	136
41	正しく使いたい表現	138
42	意味を間違いやすい表現	140
43	クッション言葉	142
44	二重敬語表現に注意	144
45	よく使う尊敬語	146
46	よく使う謙譲語	148
47	社会人がよく使う省略ビジネス用語	150
48	社会人がよく使うカタカナ言葉	152

CONTENTS

第3章　添削事例

- 添削例（学生時代頑張ったこと）❶ アルバイト …………………… 156
- 添削例（学生時代頑張ったこと）❷ 部活動 …………………………… 158
- 添削例（学生時代頑張ったこと）❸ 留学 ……………………………… 160
- 添削例（学生時代頑張ったこと）❹ ゼミ（勉強） …………………… 162
- 添削例（自己PR）❶ 課外活動 …………………………………………… 164
- 添削例（自己PR）❷ アルバイト ………………………………………… 166
- 添削例（自己PR）❸ ゼミ ………………………………………………… 168
- 添削例（自己PR）❹ サークル活動 ……………………………………… 170
- 添削例（志望動機）❶ 食品会社 ………………………………………… 172
- 添削例（志望動機）❷ 証券会社 ………………………………………… 174
- 添削例（志望動機）❸ 通信会社 ………………………………………… 176
- 添削例（志望動機）❹ 広告会社 ………………………………………… 178
- 添削例（その他）❶ 企業選びのポイントを教えてください ………… 180
- 添削例（その他）❷ あなたにとって「働く」とは何ですか？ ……… 182
- 添削例（その他）❸ あなたの「誇り」を教えてください …………… 184
- 添削例（その他）❹ 現在、あなたが考える「働きたい企業」とは … 186
- ES提出前チェックシート ………………………………………………… 188

- 本書の使い方 ………………………………………………………………… 4
- **C**olumn 就職活動の成否は結果をどうとらえるかで決まる！ ………… 12

Column 就職活動の成否は結果をどうとらえるかで決まる！

　内定塾を長年、運営していると、就職活動で成功を収める学生と、そうでない学生の間には大きな違いがあることを感じます。
　それは、生じた「結果」に対するとらえ方です。
　例えば、就職活動を進める中で、「比較的志望度の高い企業に出したエントリーシートが選考に通過しなかった」という「結果」が生じたとします。

　この時、学生の不合格という「結果」に対するとらえ方は様々です。
　学生A：「一生懸命書いたのにこれでも不合格になるのか。もう受かる気がしないな」
　学生B：「志望度が高かったのに残念。でも、気持ちを切り替えよう」
　学生C：「悔しい。でも、第一志望企業に生かすために何が悪かったのかを見直して改善していこう」
　だいたいこのような「結果」に対するとらえ方になるのではないでしょうか。
　学生Aは、「結果」をマイナスの事象とのみとらえてしまい自信を無くします。
　学生Bは、「結果」をマイナスの事象ととらえたものの、気持ちを切り替えてマイナスを打ち消そうとします。学生Cは、「結果」を一時的にはマイナスの事象ととらえたものの、プラスに活用しようとします。

　この「結果」に対するとらえ方の違いが就職活動の成否に大きく影響します。
　就職活動の選考で不合格になることは辛いことです。ただ、不合格になってしまってから悔やんでも何も変わりません。不合格という結果でも、次の選考に生かしていけたのであればプラスの結果にだって変わります。

　あの発明王トーマス・エジソンの有名な名言を紹介しておきます。
　I have not failed. I've just found 10,000 ways that won't work.
　私は失敗なんかしていない。これではうまくいかない発見を1万回したのだ。

　まさに結果をどうとらえるかの重要性を説いた名言です。
　ぜひあなたも学生Cのようにマイナスの結果もプラスに変えて、最終的に良い結果を勝ち取ってください。

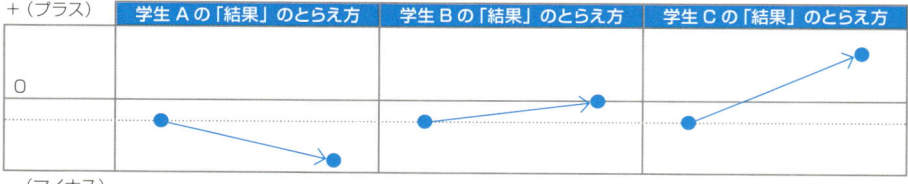

第1章
エントリーシート・履歴書を書く事前準備

　第1章【エントリーシート・履歴書を書く事前準備】では、就職活動の流れや、就職活動におけるエントリーシートと履歴書の位置づけ、書き方のポイントを中心に解説しています。
　これから就職活動を始める学生はもちろんのこと、なかなかエントリーシート選考を突破できない学生さんも、まずはこの章をしっかりと読み、内容を理解してください。
　また、第1章では読み手の印象に残す文章の文章構成を分かりやすく解説しています。
　内定塾で教えている文章構成のメソッドも含んでいますので、ぜひ覚えておいてください。
　さらに文章構成は、エントリーシートや就職活動と言った枠組みだけでなく、あらゆる文章で応用が可能です。「社会に出て活躍する」という大きな目標を持って、学んでいただけると幸いです。

エントリーシート・履歴書を書く事前準備

就職活動の流れ

　これから就職活動を始める学生のために就職活動の流れについてご説明します。（企業によって選考フローは異なるため、個々の企業に関しては採用ホームページや、就職支援サイト等でご確認ください）

● 一般的な就職活動の流れ

1 「志望する企業へプレエントリー」（12月〜）

　リクナビ、マイナビといった就職支援サイトや企業の採用ホームページから企業へプレエントリー（応募）します。

2 「志望する企業の説明会へ参加」

　エントリーした企業からのメールや採用ホームページ等から説明会の日程を確認しましょう。

3 「エントリーシートの提出」

　Webサイト上で送るものもあれば、郵送、面接時に持参する場合もありますので提出先企業の指示に従いましょう。

4 「筆記試験」

　テストセンター受験やwebテストなど、形式は様々です。早期に対策はしておきましょう。

5 「面接試験」※

企業によって回数は違いますが、一般的には2～3回の面接試験があります。（エントリーシートの内容をもとに面接試験を行う企業が多い）

※面接試験の中には、学生1人と採用担当者で実施する個人面接と、学生複数名と採用担当者で実施する集団面接があります。また、選考の1つとしてグループディスカッションという集団討論があります。

選考ステップと目安

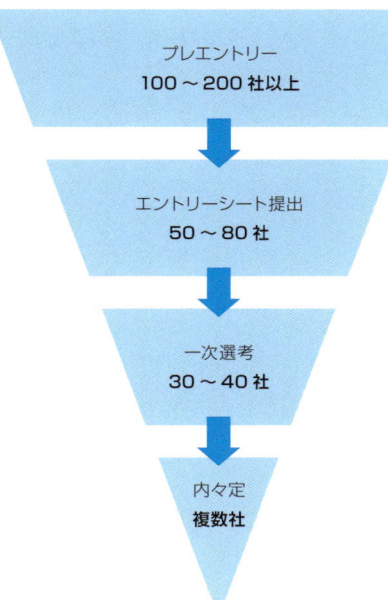

企業や業界をあまり絞り込みすぎず、幅広い視点でプレエントリーをするようにしましょう。

説明会や自己分析・企業分析を通して、「この企業なら働いてもよいか」と思える企業に対してエントリーシートを提出します。

エントリーシート選考に通過した企業の選考を受けていきます。スケジュールをうまく調整する必要があるのでスケジュール帳（手帳）は必須です。

企業に迷惑をかけない範囲で内々定は複数社分獲得するのが理想です。（明確な志望企業がある場合は別です）
比べることで気づくこともあります。

エントリーシート・履歴書を書く事前準備

就職活動における エントリーシートの位置づけ

「就職活動の流れ」にもあるように多くの企業では、エントリーシート選考というステップを経て面接選考を行います。

企業側としてはすべての学生に対して面接を行うと莫大な時間とコストがかかるため、採用候補者を絞り込むためにエントリーシートで書類選考を行っているのです。そのため、面接選考を受けるためには、エントリーシート選考の通過が必要不可欠になります。

さらに、もう1つ注意すべきことがあります。

それは、エントリーシート選考だけに、エントリーシートが使われるものではないということです。多くの企業の面接時において、エントリーシートが参考資料として面接官の手元に置かれます。そして、エントリーシートの内容を確認しながら面接官はあなたを面接するのです。つまり、エントリーシートに書かれた内容や書き方が面接に大きな影響を与えます。

そもそも面接官は短い時間で、初対面の学生を評価しなければならないのです。だからこそ、面接官にとってエントリーシートは貴重な情報源です。

このようにエントリーシートは、ただエントリーシート選考だけのためではなく、面接にも影響することを理解しておきましょう。

せっかく、エントリーシートが通過しても、面接で不合格になってしまえば意味がありません。むしろ最終面接で落とされるくらいであれば、エントリーシートの段階で落ちた方がずっと楽かもしれません。

だからこそ面接選考を意識した上で、エントリーシートを戦略的に書いていくようにしましょう。

エントリーシートを参考にした面接対策

【 エントリーシートの例 】

　私は学生時代にボランティアサークルに所属していました。
　その中で、海外の子供たちに日本語を教えるボランティアを2年間行いました。
　子供に勉強を教えるのは初めての経験でしたが、楽しく学んでもらえるように毎日準備をしました。
　その結果、私の授業はいつも満席で、多くの子供が日本や日本語を好きになってくれました。

【 エントリーシートを参考にした面接対策 】

❶ 私は学生時代にボランティアサークルに所属していました。
⇒なぜボランティアサークルに所属しようと思った？（Why？）

❷ 海外の子供たちに日本語を教えるボランティアを2年間行いました。
⇒なぜ海外の子供たちに日本語を教えようと思った？（Why？）

❸ 楽しく学んでもらえるように毎日準備をしました。
⇒どのように準備した？（How？）

❹ 多くの子供が日本や日本語を好きになってくれました。
どのように日本や日本語が好きになった？（How？）

Point

　面接では、エントリーシートの内容を掘り下げて質問されます。
　そのため、完成したエントリーシートを、「なぜ（Why？）」や「どうして / どのように（How？）」と問いながら読み返してみましょう。
　そうすることで、面接時に面接官が質問したくなる質問が見えてきます。

エントリーシート・履歴書を書く事前準備

エントリーシートでの頻出質問（ベスト3）

エントリーシートでの頻出質問ベスト3です。

❶ 学生時代に最も力を入れたことは何ですか？

Point

面接時でも最もよく問われる質問です。
そのため面接時に最も話したい内容を書いておくとよいでしょう。
また、面接時に「エントリーシートに書いている内容以外で学生時代に最も力を入れたことは何ですか？」と聞かれることもあるのでエピソードは最低2つ以上は用意しておきましょう。
「学業で頑張ったことは？」「学業以外で頑張ったことは？」という切り口で質問されることもあります。

❷ 自己PRをお書きください

Point

自己PRでは、企業にとってのメリットを考えながら伝える必要があります。
「英語が好き」「優しい」といった、趣向・性格を伝えても採用側へのメリットが明確になりません。
「英語ができる」「思いやりを持ってすべての人に接することができる」というように能力（できる）に落とし込むことを意識して書きましょう。

エントリーシートでの頻出質問（ベスト3）

❸ 当社への志望動機をお書きください

Point

どの企業にでも当てはまる内容ではなく、数多くある企業の中でも志望する企業に入社したい理由を明確に伝えましょう。そのためには企業説明会、ホームページ、パンフレット、OBOG訪問といったあらゆる手段を活用して企業のことを知りましょう。

上記の3つのうち「❶ 学生時代に最も力を入れたことは何ですか？」と「❷ 自己PRをお書きください」に関しては、就職活動を本格化させるまでに内容を固めておきましょう（各400字程度で作成しておくことをオススメします）。

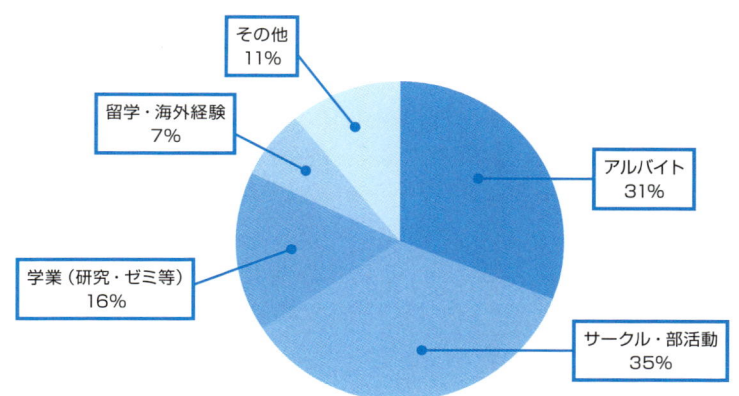

「学生時代に最も力を入れたことは何ですか？」に書く内容の割合

- その他 11%
- 留学・海外経験 7%
- 学業（研究・ゼミ等） 16%
- サークル・部活動 35%
- アルバイト 31%

＜2012年 内定塾調べ＞

他の学生がどういった内容で書いているのかをグラフにまとめました。自分らしさを表現するために、エントリーシートに書く内容から考えてみましょう。

エントリーシート・履歴書を書く事前準備

エントリーシートでの頻出質問（その他）

【過去の経験】

1. 学業において頑張ったことは何ですか？
2. アルバイト経験（時期、内容等）をお書きください
3. 困難に向き合い、乗り越え、実現してきた経験を教えてください
4. 今までに一番チャレンジしたことについてお書きください
5. あなたが気づいた課題に対して周りの人と協力して取り組んだ経験についてお書きください
6. 今までの人生における一番の挫折経験は何ですか
7. あなたの一番の成功体験は何ですか
8. あなたの一番の失敗体験は何ですか
9. 研究課題または興味のある科目およびその内容についてお書きください

【キャリアビジョン】

10. 弊社で取り組んでみたい分野・仕事についてお書きください
11. 10年後のあなたの働くイメージについて教えてください
12. あなたの目指したい社会人像を教えてください
13. 弊社で実現したい夢は何ですか
14. 入社後やってみたいことは何ですか

【志望動機関連】

15. あなたが会社を選ぶ上で大切にしていることをお書きください
16. 職種への志望動機をお書きください
17. 当社について知っていることや当社の印象についてご記入ください

【 自己理解・自己アピール 】

- ⑱ 長所と短所をお書きください
- ⑲ あなたの強みとそれをどう弊社で活かせるのかを教えてください
- ⑳ あなたらしさを一言でお書きください

エントリーシートの設問は業界・企業によっても様々な特長があります。
　上記はどの業界でもよく問われる頻出質問を 20 種類ピックアップしていますので参考にしてください。

【 業界・業種によってよく聞かれる質問例 】

❶ 研究職志望
　大学・大学院での研究内容を分かりやすく説明してください（研究内容）

❷ 製薬会社の MR（medical representative; 医薬情報担当者）志望
　MR について知っていることを教えてください（MR 職への理解度）

❸ IT 業界のシステムエンジニア（SE）志望
　今までにプログラミングをした経験はあるか（プログラミング経験）

上記のように、業界や業種によってよく聞かれる質問があります。
　ただ業界や業種への理解があれば答えられる質問が多いので、業界・業種研究をしておきましょう。

エントリーシート・履歴書を書く事前準備

エントリーシートを書く上でのポイント

エントリーシートを書く上で重要なポイントをご紹介します。

❶ 誤字、脱字はなくす

エントリーシートはフォーマル（正式）な文章です。誤字・脱字は許されません。そのため、文章を書いた後には2回以上は読み返し、誤字・脱字のない文章にしてください。

また、可能であれば第三者（友人、ご両親）にもチェックしてもらいましょう。

❷ 制限文字数をギリギリまで使って書く

「400字以内で」とあれば文字制限の95％にあたる380字以上を目標にしましょう。できる限り文字数を有効に使うように心がけてください。

❸ 読み手に読んでもらうための工夫をする

人気企業にもなれば年間数万通のエントリーシートが届きます。
だからこそ読み手に読んでもらうための工夫が必要になってきます。
太文字、「　」、見出し等、読み手に伝えたい事項を分かりやすく伝える工夫をしましょう。

❹ 具体的に書く

読み手にイメージが沸くように書くことを目指してください。
あなたが内容を分かればよいのではなく、採用担当者（面接官）が内容を分からなければならないのです。
そのため、具体的に分かりやすく書くようにしましょう。

❺ 質問の答えを明確に伝える

質問の答えを先に伝えましょう。

質問の答え⇒「説明・根拠・エピソード」このような流れで書く方が読み手には分かりやすい文章になります。

「質問の答えを先に伝える」このことは社会人になっても大切なので、覚えておきましょう。

エントリーシートは、就職活動をしている中で随時よりよい形に改善していってください。少しの表現や工夫によっても伝わり方は大きく変わります。

人事の方に、短時間で「この学生と会ってみたい」と思わせるエントリーシートを目指して何度も推敲していきましょう。

Point

企業に提出したエントリーシートはあらかじめコピーしておきましょう。

面接時の面接官の反応やエントリーシート選考の通過率を参考に、改善していくのがおすすめです。

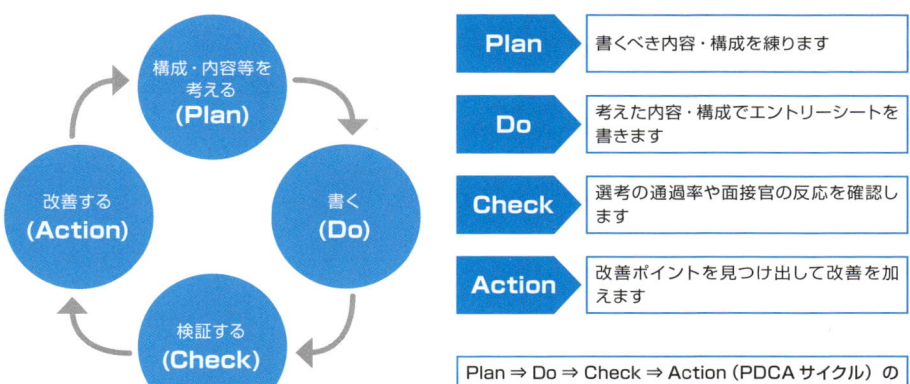

よりよいエントリーシートを書くための **PDCA** サイクル

エントリーシート・履歴書を書く事前準備

手書きのエントリーシートでのポイント

多くの企業において、エントリーシートは手書きで提出することを求められます。

❶ 文字を丁寧に書く

気持ちを込めて書くことが大切です。当然、文字が上手な方が読み手には好印象です。一方、文字が下手な人でも気持ちを込めて丁寧に書けば読み手にも伝わります。

❷ 工夫をして書く

太字にしたり、少し大きめに書いたりと文字に強弱をつけて、読み手の目を引き付けましょう。

スペースを与えられ「自由に書きなさい」と指示された場合は、色ペンや写真を使う等の工夫をすることもあります（禁止事項を確認したうえで自由に表現しましょう）。

❸ バランスを意識して書く

記入欄に線が引かれている場合

学生時代に最も力を入れたことについてご記入ください。

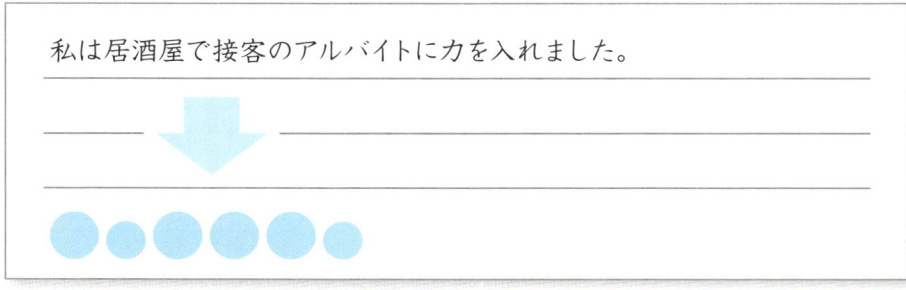

手書きのエントリーシートでのポイント

漢字と比べるとひらがなは少し小さく（漢字の 2/3 程度）書くと読みやすいです。また、重要なキーワードを少し大きめに書くことも効果的です。

記入欄に線が引かれていない場合

学生時代に最も力を入れたことについてご記入ください。

> 私は居酒屋で接客のアルバイトに力を入れました。

鉛筆と定規を使って薄く補助線を書き、まっすぐ文字が書けるように工夫します。記入後はペンが乾いてから消しゴムで丁寧に線を消しておきましょう。

Point

手書きのエントリーシートでは、書き間違ったら書き直すが基本です。
（修正ペンや修正テープ等は利用できません）
　あらかじめ下書きをして、それを書き写すようにして手書きのエントリーシートを完成させましょう。

エントリーシート・履歴書を書く事前準備

web エントリーシートでのポイント

　Web サイト上でエントリーシートを提出するものを web エントリーシートといいます。この場合はパソコンを使って情報を入力するため、文字の上手、下手はありません。ただし、この場合でも工夫は必要です。
　工夫をできるポイントをご紹介します。

❶ ■や「　」等の記号を活用して読み手の視線を引き付ける

　■ 折れない心 ■
　私はテニスサークルで主将を務めています。
　その中で、私は「全国大会優勝請負人」として常勝チームを作り上げることを目的としてチームをまとめてきました。

---

❷ 改行やスペース（空白）は使えない前提で書く

　web エントリーシートのシステムによっては、改行やスペースを認識しないケースも多いです。
　そのため、はじめから改行やスペース（空白）を使わない前提で書いておいた方が無難です。

❸ 半角と全角も使い分けましょう

　多くの場合、入力のルールが決められていますのでそれに従いましょう。
　指示がなければ通常の文字は全角、数字（1, 2, 3……）は半角で書くのが一般的です。また、全角なのか半角なのかは統一することが大前提なので、全角・半角の区別もつけておきましょう。

エントリーシートの提出期限に注意

　近年 web エントリーシートを導入する企業も増え、学生にとって提出期限の管理が難しくなってきました。
　実際、「志望企業のエントリーシートを出し忘れた」と報告してくる学生も増えたように思います。
　その多くの場合が、エントリーシートの作成を先送りして締切日をうっかり忘れていたというケースです。

　このような悲劇をなくすためにも、エントリーシート提出のスケジュール管理が重要になってきます。
　特にエントリーシート提出が本格化する 2 月〜 3 月末には、スケジュール管理をしておかないと対応できなくなります。

　内定塾でも手書き /web 関係なく、提出締切日の 3 日前には遅くても提出するように指導しています。
　スケジュール帳には提出日の 3 日前の予定を書き込んでおき、余裕を持って提出するようにしてください。

	この日までに提出			
締切 4 日前	◯ 締切 3 日前	締切 2 日前	締切 1 日前	エントリーシート提出締切日

エントリーシート・履歴書を書く事前準備

履歴書を書く際のポイント

　企業の選考を受ける際に必須になるのが履歴書です。一般的には大学の生協や書店で販売されているものを使います。一部企業では指定のフォーマットで記入すべき場合もあります。

Point

❶ 書き方のルールに従って書きましょう。（右頁参照）

　履歴書には基本的な書き方のルールがあります。
　履歴書記入例を参考にして正しい書き方で書くようにしてください。

❷ 記入項目はすべて埋める。

　基本的には履歴書の項目はすべて埋めるようにしましょう。
　「趣味」や「特技」の項目も書くようにしてください。

❸ ウソは書かない。

　就職活動全般に言えることですが、ウソを書くのは避けましょう。
　ウソはばれなければよいのではなく、社会人として自覚を持って正直に書きましょう。ただし、表現の工夫で大きく伝えることは必要です。

　例えば、「簿記検定2級を取得見込みです」のように書くことも可能です。（受験予定の場合）

※上記以外は基本的にはエントリーシートと同じ要領になります。

履歴書を書く際のポイント

履歴書記入例

平成 23 年 4 月 1 日 現在

ふりがな	やまだ　はなこ		性　別
氏　名	山田　花子		女

生年月日	1989 年　1 月　5 日（満 21 歳）

ふりがな	とうきょうとちゅうおうくにほんばし
現住所	〒 103-0027　東京都中央区日本橋 3 丁目 8 番 14 号　　TEL（03）3276-1711

緊急連絡先または帰省先　　　　　　　　　　　　　　　　　　TEL（06）6346-9790

E メールアドレス　　hanachan-lovelove39@yahoo.co.jp

「ふりがな」は漢字の部分だけ
正式な住所で
元号 or 西暦を統一
携帯メールアドレスは避ける

年	月	学歴・職歴
		学　歴
平成 20	3	東京就活高等学校　卒業
平成 20	4	富士山田大学　国際学部　入学
平成 24	3	富士山田大学　国際学部　卒業見込
		以上

「学歴」と書く

【資格・免許・検定・特技】	【趣味】
普通自動車第一種運転免許	フルマラソン（3 回）、ピアノ（13 年継続）

正式名称で
趣味は 2 つ。書き方を工夫する（例　数字に落とし込む）

【ゼミ・専攻等の研究課題または得意な科目】

「日本人の英語力に関する研究」　日本人は英語が話せないというイメージは真実なのかを、世界各国と比較して研究しています。さらに、国際競争力をつけるために、日本が目指すべき教育を提起することが目標です。

【学業以外で力を入れた事柄】

1 行 35 字までを目安！

海外の小学生に日本語を教えるボランティア活動です。その中で、私は子供の目線で、一人ひとりと向き合い子供たちの心を掴みました。さらに、手作りの楽しく学べる教科書を作成し、子供たちに日本や日本語の魅力を存分に伝えてきました。

【自己 PR】

私は逆境に強い人間です。13 年続けたピアノでは何度もスランプを経験しました。しかし、そんな時こそ練習を重ねて発表会では最高の演奏をしてきました。

エントリーシート・履歴書を書く事前準備

コミュニケーションの基本

「書く」にしても、「話す」にしてもよいコミュニケーションにはコツがあります。
　そのコツとは、「相手の立場になること」です。
　コミュニケーションは、相手がいて成り立つものです。
　だからこそ、相手の立場になって、相手の状況や想いをしっかりと理解することが基本なのです。

　例えば、AさんとBさんは社会人1年目。ある金曜日の夜、仕事が終わって帰ろうとしていたとき、上司にこんなことを言われたとします。

上司：
「キミはお酒飲むの？」

　そのときどう答えるのがよいのでしょうか？

> **Aさん：**
> 「お酒は弱いので、あまり飲まないですね。少ししか飲めないですし」

> **Bさん：**
> 「お酒は弱いですけど、少しは飲めますよ。それにお酒の場は好きなので」

　AさんとBさんは、伝え方の違いはあるものの結局は「お酒を少しだけ飲む」のです。おそらく、上記の例文の場合、Aさんは、上司から「そうか」と言われて終わり。
　それに対してBさんは、上司から「そうか。じゃあ今からイッパイ行くか？」と誘われることでしょう。

コミュニケーションの基本

　同じ事実を伝えているにも関わらず伝え方によって、まったく違う結果を生み出すのです。Aさんは上司の気持ちを汲み取らないで質問に答えただけなのに対し、Bさんは上司の気持ちをくみ取って答えられたのです。

　コミュニケーション力が高いことと、話す力が高いことは必ずしも同じではありません。話すことが決して上手くない人でも、相手の立場で考えて発言さえすれば、円滑なコミュニケーションが取れるはずです。

　文章で伝えるときも、話して伝えるときも同じく「相手の立場で相手をしっかりと理解する」これがコミュニケーションの基本です。
　エントリーシートでも、どういう人がそのエントリーシートを読んでくれるのかを念頭に置いて文章を書いていきましょう。

よりよいコミュニケーションをとるための【心】・【技】・【体】

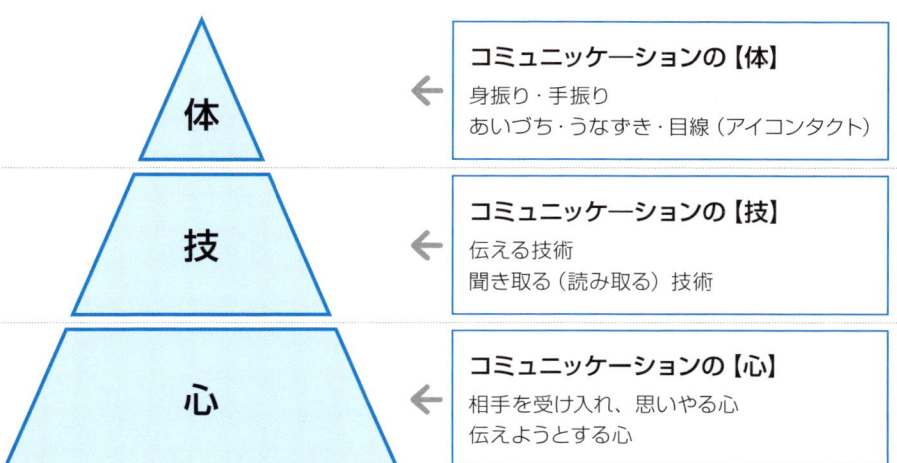

　よりよいコミュニケーションの土台は「心」です。相手を受け入れ、思いやる心、伝える心を忘れずにコミュニケーションを図りましょう。

エントリーシート・履歴書を書く事前準備

文章も第一印象が大切

　初めての人と会うときの第一印象が、その人の評価を大きく左右することはよく知られています。
　文章においても同じように第一印象がその文章の評価において重要な要素を占めてきます。特にエントリーシートでは短い時間で勝負が決まるものです。そのため、文章における第一印象も大切に文章を書いていってください。
　まずは、下記の2つの文例をご覧ください。

A：
　私がアルバイトをしている喫茶店では毎月コーヒー豆の販売個数を競う販売キャンペーンが有ります。アルバイトを始めた当初私は要領が分からずまったく販売することができませんでした。
　しかし負けず嫌いの私にはそれが悔しく絶対に店内売り上げ一位になると目標を決めました。そこで私はお店で一番売り上げのよい先輩を観察し自分との違いを徹底的に研究しました。そして先輩と比べて劣っていると感じた商品のマメ知識を身につけるように勉強に励みました。それらを営業トークに織り交ぜながら販売を行うことで通常1日に2〜3袋しか売れなかった製品が1日10袋以上も売れる様になりました。これによって1か月の私の売り上げも200袋を超え店内15人中1位の販売成績を上げることができました。
　店長からもよく頑張った。ありがとうと褒めて頂きました。

B：
　私がアルバイトをしている喫茶店では、毎月、コーヒー豆の販売個数を競う**「販売キャンペーン」**があります。アルバイトを始めた当初、私は要領が分からずまったく販売することができませんでした。
　しかし、負けず嫌いの私には、それが悔しく**「絶対に店内売り上げ一位にな**

> る」と目標を決めました。そこで私は、お店で一番売り上げのよい先輩を観察し自分との違いを徹底的に研究しました。そして、先輩と比べて劣っていると感じた商品のマメ知識を身につけるよう勉強に励みました。それらを営業トークに織り交ぜながら販売を行うことで通常、1日に2～3袋しか売れなかった製品が、**1日10袋以上**も売れるようになりました。これによって1か月の私の売り上げも、**200袋を超え、店内15人中1位**の販売成績を上げることができました。
>
> 　店長からも「よく頑張った。ありがとう。」と褒めていただきました。

　AとBは書いている内容はまったく同じです。
　さあ、あなたはAとBのどちらを読みたいですか？

　同じ内容でもAは「、（読点）」もなく、漢字を多く使い、工夫をまったくしていません。それに対して、Bでは「、（読点）」を適切に使い、無理に漢字を多用せず、「　」を使ったり、文字を太く強調したりしています。

　実際、人事の方が1日どれだけのエントリーシートを読むのかを考えてみてください。ピーク時にもなれば、数十枚、中には100枚以上のエントリーシートを読む担当者もいるでしょう。
　そういう状況を考えると、読みにくい文章をわざわざ時間をかけてまで理解してくれないと考える方が自然です。
　エントリーシートを見た第一印象で、不合格にすることも多くあります。そもそも、エントリーシートの選考では、採用基準に達していない学生を振るい落とすことが目的です。

　そのことを踏まえ、この短い時間で読み手に「読みたい」と思わせる文章の見た目にも配慮しましょう！

エントリーシート・履歴書を書く事前準備

文章構成の基本

　学生時代は文章構成といえば「起・承・転・結」だったと思います。しかし、社会人になれば「起・承・転・結」は使えなくなってきます。なぜなら、「起・承・転・結」はあくまでも話を盛り上げるための構成であって、論理的思考のための構成ではないからです。
　そこで、社会人として意識すべきなのが「序論・本論・結論」の三部構成です。
　最初に「質問の答え」もしくは「要約」を伝えるのが基本です。

文章は、「序論」・「本論」・「結論」の三部構成で書く
書き出し（1行目）を大切に！ 序　論 （質問の答え・要約・伝えたいこと）
本　論 （具体的なエピソード・序論の内容をサポートする実例）
結　論 （まとめ・伝えたいこと）

文章を書く上で大切な三部構成

序論 ➡ これから書く内容のテーマを提示し、以降の内容を読み手にあらかじめ伝える

本論 ➡ 具体的なエピソードや、序論の補足内容を書く

結論 ➡ 伝えたいことや、序論・本論を受けて最後にまとめる

Point

文章は三部構成で書いてください。
先に質問の答え(序論)を伝えるようにしましょう!

「起・承・転・結」は漢詩の絶句(起句・承句・転句・結句)に用いられたスタイルだとされています。
　四句でまとめるためには、「起・承・転・結」は効果的な書き方ではあるものの、論理的な文章の書き方ではありません。
　特に「転」の部分を論理的な文章で使うのも無理があります。

これから社会人になる立場としては、文章構成と言えば、「序論・本論・結論」と覚えておいた方がよいでしょう。

エントリーシート・履歴書を書く事前準備

三部構成の文章例
（学生時代に力を入れたこと）

では、三部構成の文章例を見てみましょう。
ここではエントリーシートでよく聞かれる「学生時代に力を入れたこと」を例に挙げています。

（質問）学生時代に力を入れたことは何ですか？

序 論

サッカー部のマネージャーとしての活動です。

本 論

私は、大学生1年時からサッカー部のマネージャーを務めています。
私の所属するチームは年に数試合しか勝てない弱小チーム。
練習試合ですら、負けて当たり前の雰囲気で臨んでいるような状態でした。
しかし、私はマネージャーとしてこの状況を変えたいと考えました。
勝つことの喜びを味わってほしかったのです。
そこで私が取り組んだのが選手のスカウトでした。
上級者がチームに加入すれば、他のメンバーの意識も変わると考えたのです。
そして毎月、自ら大学の交流会に参加して多くの学生に
想いを伝えながら勧誘しました。
断られ続けながらも粘り強く取り組みました。
その結果、実績豊富な2人の選手を獲得できました。
これによってチームの練習メニューも大幅に変わり、
3年時には初めて勝率5割を超えることができました。

三部構成の文章例（学生時代に力を入れたこと）

結　論

この経験を通じて私は、自ら行動する大切さを学びました。
貴社でもこの行動力で最高の結果を出すことができます。

Point

「学生時代に力を入れたこと」では、
❶【序論（質問の答え・要約）】に力を入れたことの要約を書きます。
❷【本論】で自分が具体的なエピソードを書きます。
❸【結論】は学んだこと（得たこと）やアピールを書きつつまとめます。

文字数に余裕がない場合は、本論や結論の文字数を減らす工夫をしてください。

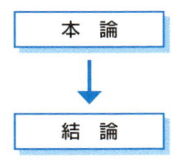

本　論
↓
結　論

【本論】と【結論】の関連性に注意して書きましょう。
【本論】の内容から導き出せる【結論】になる必要があります。

例文では、本論の【毎月、自ら大学の交流会に参加して多くの学生に想いを伝えながら勧誘しました】を受けて、結論【自ら行動することの大切さを学びました】と書かれています。
このように、本論と結論をうまくつなげていくことで論理的な文章になります。

エントリーシート・履歴書を書く事前準備

三部構成の文章例（自己PR）

では、三部構成の文章例を見てみましょう。
ここではエントリーシートでよく聞かれる「自己PR」を例に挙げています。

（質問）自己PRをお書きください

> 序　論

私には、周りを巻き込む力があります。

> 本　論

　学生時代、私はボランティアサークルに所属していました。
　主な活動は、ゴミ拾いや高齢者との交流会開催等で、地域の方々に愛されているサークルでした。
　そんなサークルが、解散の危機に直面しました。
　新入生が入部せず、活動メンバー不足に陥っていたのです。
　そこで、私はこの状況を打開するため行動しました。
　まず、一人でサークルの活動内容をまとめた資料を作りました。
　次に、その資料を手に、配布に協力してくれる学生団体や新入生に直接会い、想いを伝えていったのです。
　その結果、徐々に私の周りには協力者が増えていき、新入生の集客や勧誘を一緒にやってくれるようになりました。
　これにより、9名もの新規サークルメンバーが加わり、サークルは通常通り活動できるようになりました。

三部構成の文章例（自己PR）

結論

　このように私は、自ら行動することで周りを巻き込み、結果につなげることができます。
　貴社でも、貴社のメンバーとクライアントを巻き込み良い結果を出していきたいです。

Point

「自己PR」では、
1. 【序論（質問の答え / 要約）】にPRポイントを書きます。
2. 【本論（具体的エピソード）】では、PRポイントを証明するために具体的なエピソードを書きます。
3. 【結論（まとめ / 伝えたいこと）】でもう一度、PRポイントを書きつつまとめます。

その際、【序論】と【結論】がほぼ同じ内容にするように書きましょう。

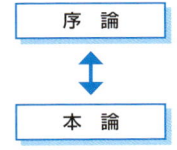

序　論	【序論】と【本論】の関連性に注意して書きましょう。
↕	【序論】の内容を【本論】で証明する必要があります。
本　論	

　例文では、序論にある【私には、周りを巻き込む力があります】を証明するために、本論【まず、一人でサークルの活動内容をまとめた資料を作りました。
　次に、その資料を手に、配布に協力してくれる学生団体や新入生に直接会い、想いを伝えていったのです。】と書いています。
　この流れを通して、「周りを巻き込む力があるな」と読み手に感じてもらえることができればうまく書けている文章になります。

エントリーシート・履歴書を書く事前準備

三部構成の文章例（志望動機）

では、三部構成の文章例を見てみましょう。
ここではエントリーシートでよく聞かれる「志望動機」を例に挙げています。

（質問）志望動機をお書きください（ガス会社）

序　論

私は、ガス供給を通じて社会を根底から支えたいからです。

本　論

私は、大学でエネルギー政策を研究しています。その中で私は、持続可能な社会の構築には資源の有効活用やエネルギーの安定供給は欠かせないと感じました。
　さらに昨今のエネルギー不足の状況を鑑みても、この考えに確信を持っています。
　その中で各社の会社説明会を通して、天然ガスの有用性を再認識しました。
　だからこそ私は、環境にやさしく安定供給が可能な天然ガスを用いて、社会の発展を支えたいと考えました。その中でも、日本の中心である首都圏を支える貴社でなら、私の想いを実現できると確信しています。

結　論

私は貴社で、ガスの安定供給を通じて循環型社会の実現を目指したいです。
　そして、地域の方々の生活やビジネスに、より安全・安心なサービスを広め、社会を支えるという使命に応えていきたいです。

三部構成の文章例（志望動機）

> **Point**

「志望動機」では、
1. 【序論（質問の答え / 要約）】にどういう目的で志望しているのかを書きます。（自分のやりたいこと）
2. 【本論（具体的エピソード）】では志望した背景やその会社でないとダメな理由を書きます。
3. 【結論（まとめ / 伝えたいこと）】で入社後の決意やアピールをしてまとめます。

志望動機では、その会社1社に絞り込めるような内容にしましょう。

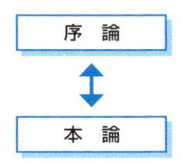

序論 ⇅ 本論

【序論】と【本論】の関連性に注意して書きましょう。
【序論】の内容の根拠（理由）が【本論】で書かれている必要があります。

　例文では、序論にある【私は、ガス供給を通じて社会を根底から支えたい】の根拠（理由）が、本論【大学でエネルギー政策を研究⇒持続可能な社会の構築には資源の有効活用やエネルギーの安定供給は欠かせないと感じた⇒会社説明会で、天然ガスの有用性を再認識】と書かれています。
　この本論で、「ガス供給を通じて社会を根底から支えたい」想いが読み手に伝わるとよいでしょう。

エントリーシート・履歴書を書く事前準備

読み手の記憶（印象）に残すためには

　相手の印象に残る文章を書くためにはちょっとしたコツがあります。
　そのコツをお伝えする前に、記憶（印象）に残すことがどういったメカニズムなのかを理解してみましょう。
　右ページのように情報は脳内の海馬という部分で長期に記憶すべき情報か、忘れるべき情報かに割り振られます。
　そして、記憶すべき情報だと判断した場合は、大脳という部分で情報を蓄積しているのです。忘れるべきと判断された場合は、その情報は忘れ去られてしまいます。

　このように、記憶には海馬が重要な要素を果たしています。
　では、どうすれば海馬が「記憶すべき情報」だと判断してくれるのでしょうか？

　その判断基準は、「感情の変化を伴っているか？」が大きな要素になっているといわれています。
　例えば、怖かった経験、ものすごくうれしかった経験は、皆さんの記憶に強く残っていると思います。
　中には、忘れたいと思っていても消えない記憶すらあるのではないでしょうか。

　それらは、すべて大きな感情の動きを伴っているからです。つまり、相手の感情の変化を作ることが、相手の記憶（印象）に残すコツなのです。

　文章で伝えるときも同様に、「読み手の感情が動く」を意識して、内容や構成を考えていくとよいでしょう。

読み手の記憶（印象）に残すためには

情報を記憶に残すメカニズム

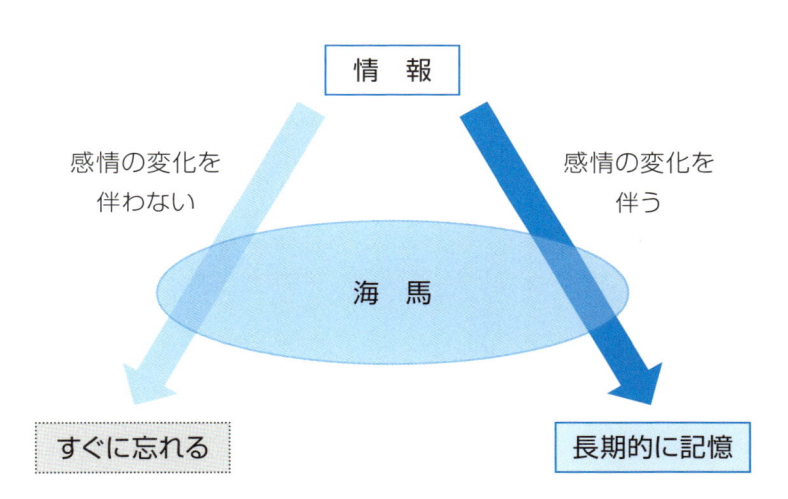

```
                    情　報
    感情の変化を              感情の変化を
    伴わない                  伴う
              海　馬
    すぐに忘れる              長期的に記憶
```

感情の変化が小さい
- 興味のない話
- 理解すら困難な難しい話
- 自分にとってメリットのない話

↓

すぐに忘れる

感情の変化が大きい
- 最終面接で言われた一言
- 内定の連絡があった瞬間
- 憧れの社会人の話

↓

記憶に残る

エントリーシート・履歴書を書く事前準備

読み手の記憶（印象）に残す方法

　読み手の記憶（印象）に残すためには、感情を動かすことが大切だと前ページでお伝えしました。
　次にどうすれば読み手の「感情が動く文章（＝相手の記憶に残る文章）」になるのかのヒントをお伝えします。

　大きな要素は次の3つです。
❶ 文章構成
❷ 伝える内容（エピソード）
❸ 使うキーワード（キーセンテンス）

❶ 文章構成

　読み手の感情の変化を生み出すには文章構成が大きな役割を果たします。
　どういうキーワードを使うかではなく、どういう流れで書くかが重要になってくるのです。次ページ以降で、三部構成を意識しつつも、さらに細かい文章構成をお教えします。

❷ 伝える内容（エピソード）

　例えば、「学生時代に力を入れたことは」と質問されたとします。
　そのとき、Aさんは、「居酒屋での接客のアルバイトをした」話をしたとします。
　それに対して、Bさんは、「海外ボランティアで、日本人が一人もいない農村で生活した」話をしたとします。
　Aさん、Bさんのエピソードを比較して、どちらが読み手の興味を掻き立て、感情を動かせる内容ですか。
　あなたは、どちらの文章を読みたいという感情になりますか。
　多くの方はBさんのエピソードではないでしょうか。

「読みたいと思う」も感情の動きです。
　このように伝える内容（エピソード）も、他の学生と同じような内容ではなく、読み手にとって興味深い内容にしましょう。

❸ 使うキーワード（キーセンテンス）

まずは、下記のAさん、Bさんのアピールをご覧ください。

Aさん ： 私は、積極的に行動します。
Bさん ：「まず行動」これが私です。

　Aさんのように「積極的に行動します。」よりは、Bさんのように工夫をして読み手の目に留まるようなキーワード（キーセンテンス）を伝えたいところです。

> **Point**

エントリーシートを書く際の検討順序

❶ 伝える内容（エピソード）
⇒ 他の人と違う内容・自分らしい内容

⬇

❷ 使うワード（キーセンテンス）
⇒ 読み手の目を引く言葉・他の人が使わない言葉

⬇

❸ 文章構成
⇒ 感情の変化が生まれる文章構成

この順番で考えると書きやすい。

エントリーシート・履歴書を書く事前準備

エントリーシートの文章構成（学生時代に力を入れたこと）

「学生時代に力を入れたこと」における相手の記憶に残す文章構成をご紹介します。

基本構成

質問の答え（何に力を入れたのか）

▼

Problem〈問題（マイナスの現状）〉

あなたが置かれている状況を読み手に分かりやすく伝えます。その際、問題点や課題に着目して書くと、自分がやった行動が大きく伝わります。現状のマイナス（大変、困難）にフォーカスすることで読み手の感情の変化（ギャップ）を作ります。

▼

Action〈行動〉

あなた自身が何をしたのかを書きます。行動には、あなたの価値観、性格、能力が映し出されます。「自分らしい行動」を見つめなおして書くべき内容を決めてください。

▼

Result〈成果〉

あなたの行動によって得られた成果を書きます。行動と結果に因果関係は成立するか、論理の飛躍がないかを確かめながら書きましょう。数字や客観的な評価（例．大会で優勝、教授から「君のおかげだよ」と称賛）を盛り込みましょう。

▼

Appeal〈アピール〉

社会人になって活躍できる姿をイメージさせることを目標としてアピールします。学んだこと、得たことや、社会人になる意気込みを書きます。伝えたいことを最後に述べてまとめます。

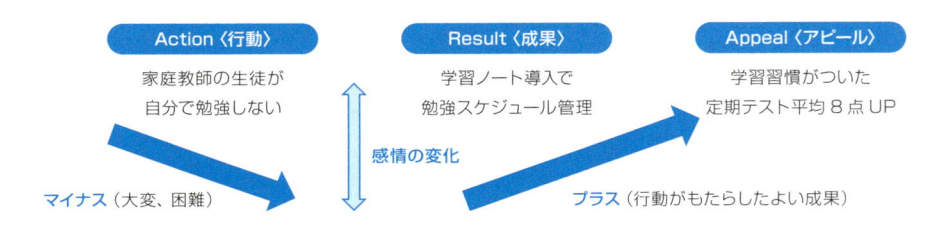

Action〈行動〉	Result〈成果〉	Appeal〈アピール〉
家庭教師の生徒が自分で勉強しない	学習ノート導入で勉強スケジュール管理	学習習慣がついた定期テスト平均8点UP
マイナス（大変、困難）	感情の変化	プラス（行動がもたらしたよい成果）

エントリーシートの文章構成

【Problem】で一度マイナスの状況に振っておいて、【Action】【Result】を書くことで、読み手の感情の変化を作り出し、行動を印象に残るものにします。

エントリーシートの文章構成（学生時代に力を入れたこと）〜実例〜

「学生時代に力を入れたことは何ですか」

アルバイト先のカフェでビアガーデンの企画をしたことです。

Problem

当時、私の働くカフェでは売り上げが大きく落ち込んでいました。近くに大手の競合店がオープンし、お客様を取られていたのです。特に夜の時間帯はほとんどのお客様が、立地のよい競合へと流れていました。

Action

そこで、この状況を打開するために、私はカフェテラスを利用したビアガーデンの実施を店長に提案しました。そして、実現のためチラシの作成やホームページの立ち上げ等を行いました。さらに、アルバイト仲間に働きかけ、毎晩、私を中心に駅前でのチラシ配りをしました。

Result

その結果、ビアガーデンは大いに盛り上がり、参加者同士だけでなく店員とお客様との関係も親密になりました。これによって、常連客が増えるようになり、お店の売り上げも順調に右肩上がりになっていきました。

Appeal

今では、店長からアルバイトリーダーを任されているほど、信頼されています。この経験を通じて私は、自ら行動し、現状を変える大切さを学びました。

Point

1行目は【序論】で、質問の答えの部分になります。【本論】で、【Problem】【Action】【Result】の流れで展開します。【結論】で、【Appeal】でまとめます。

エントリーシート・履歴書を書く事前準備

エントリーシートの文章構成（自己PR）

「自己PR」における相手の記憶に残す文章構成をご紹介します。基本的な構成は、「学生時代に力を入れたこと」と同じです。

基本構成

アピールポイント（私の強みは…、私は〜では負けない　等）

▼

Problem〈問題（マイナスの現状）〉

あなたが置かれている状況を読み手に分かりやすく伝えます。その際、問題点や課題に着目して書くと、あなたがとった行動が大きく伝わります。現状のマイナス（大変、困難）にフォーカスすることで読み手の感情の変化（ギャップ）を作ります。

▼

Action〈行動〉

あなた自身が何をしたのかを書きます。行動には、あなたの価値観、性格、能力が映し出されます。「自分らしい行動」を見つめなおして書くべき内容を決めてください。

▼

Result〈成果〉

あなたの行動によって得られた成果を書きます。行動と結果に因果関係は成立するか、論理の飛躍がないかを確かめながら書きましょう。数字や客観的な評価（例．大会で優勝、教授から「君のおかげだよ」と称賛）を盛り込みましょう。

▼

Appeal〈アピール〉

1行目のアピールポイントを踏まえて、ここでまとめます。そのアピールが、志望企業でどのように生きるのかも考えながら書きましょう。

　自己PRは「私＝（強み）」を証明するための内容構成になります。1行目で、「私＝（強み）」と示しておいて、【Problem】【Action】【Result】の流れで証明していきます。そして最後に、「このように私＝（強み）」というようにまとめます。
　1行目のアピールポイントと最後の【Appeal】部分がズレないように書くと説得力の高い自己PRにつながります。

エントリーシートの文章構成（自己PR）～実例～

「自己PRをお書きください」

　私の強みは、現状を変える行動力です。アルバイト先のカフェでビアガーデンの企画をしたことです。

Problem

　当時、私の働くカフェでは売り上げが大きく落ち込んでいました。近くに大手の競合店がオープンし、お客様を取られていたのです。特に夜の時間帯はほとんどのお客様が、立地のよい競合へと流れていました。

Action

　そこで、この状況を打開するために、私はカフェテラスを利用したビアガーデンの実施を店長に提案しました。そして、実現のためチラシの作成やホームページの立ち上げ等を行いました。さらに、アルバイト仲間に働きかけ、毎晩、私を中心に駅前でのチラシ配りをしました。

Result

　その結果、ビアガーデンは大いに盛り上がり、参加者同士だけでなく店員とお客様との関係も親密になりました。これによって、常連客が増えるようになり、お店の売り上げも順調に右肩上がりになっていきました。

Appeal

　今では、店長からアルバイトリーダーを任されているほど、評価いただきました。このように私は、持ち前の現状を変える行動力で貴社にも貢献します。

Point

　1行目は【序論】で、アピールポイントの部分になります。【本論】で、【Problem】【Action】【Result】の流れで展開します。【結論】で、1行目を踏まえて【Appeal】でまとめます。このように【学生時代力を入れたこと】と【自己PR】では、構成に大きな違いはありません。大まかな構成を理解しておくことで頻出のどちらの質問にも対応できるようになります。

エントリーシート・履歴書を書く事前準備

エントリーシートの文章構成（志望動機）

「志望動機」における相手の記憶に残す文章構成をご紹介します。

基本構成

自分がやりたいこと（将来実現したいこと）

　抽象的でもよいので社会人としてその会社で実現したいことを書きます。企業に入社するのが目的ではなく、自己実現のための手段であることを認識してください。

▼

その考えに至った背景・経験

　志望するに至った、今までの人生経験でのきっかけを書きましょう。企業や仕事内容と、自分自身との接点を見つけ出しましょう。

▼

その時の想い（感情の変化）

　入社したい熱い思いを込めて書きます。経験を通して得た感情をしっかりと伝えてください。

▼

多くの企業の中でなぜその企業なのかの理由

　多くの企業が存在する中でなぜこの企業なのかを伝えます。
「○○○な貴社であれば△△△できる」のように、会社の特長を踏まえると書きやすいはずです。

▼

アピール、まとめ

　入社してどうしたいのか、意気込みを最後に伝えましょう。自分の強みに絡めてアピールすることもよいでしょう。

　志望動機は、多くの学生がうまく書けない設問です。そのため、ここでしっかりと自分の想いを伝えられるようになれれば大きなアドバンテージとなります。文章構成を意識して、自分の想いを志望企業にぶつけるようにしましょう。特に【なぜこの会社なのか？】の理由は難しいので、社員訪問、説明会、会社パンフレット、ホームページ等あらゆるところから情報を集めましょう。

エントリーシートの文章構成（志望動機）〜実例〜

「志望動機をお書きください」（保険会社）

自分がやりたいこと（将来実現したいこと）

　私は保険の力によって、多くの人の人生をサポートしていきたいです。

その考えに至った背景・経験

　就職活動を通じて、私は今までいかに多くの人に支えられてきたかを改めて実感しています。家族には、生活のサポートだけではなく、経済的、精神的にサポートしてもらってきました。

その時の想い（感情の変化）

　この状況を改めて感じて、今度は自分が、周りを支える側になりたいと強く思うようになったのです。そして、この想いを果たすには、保険を通じてお客様を経済面、精神面で支えている生命保険会社が最適であると、私は考えます。

多くの企業の中でなぜその企業なのかの理由

　その中でも、リーディングカンパニーとして業界トップの貴社ならば、多くのお客様を根底から支えることができます。さらに、業界トップに甘んじることなく常に危機感を持ち、高みを目指している点にも私は魅力を感じています。

アピール、まとめ

　だからこそ私は貴社の一員として、保険を通じて多くの人をサポートしていきたいです。

Point

【自分がやりたいこと（将来実現したいこと）】で、業界や仕事の方向性を簡単に定めます。さらに、【多くの企業の中でなぜその企業なのかの理由】でさらに特定の企業に絞りこみを行います。このように2段階で特定の企業に絞りこむイメージで書くとうまく伝わりやすいです。また、志望動機では特に気持ち（想い）を伝えることが大切です。面接時はもちろんですが、エントリーシートでも気持ちを前面に出して伝えていきましょう。

エントリーシート・履歴書を書く事前準備

文章を書く準備

　それでは、いよいよエントリーシートの文章を書きだします。文章を書く目的を明確にし、方向性を見つけてから書き出すと効率的です。準備としてやっていただきたいのは大きく3つです。

1 伝えるべき読み手への理解

　誰がこの文章を読むのかを具体的にイメージしましょう。（年齢は何歳くらい？　どういう立場の人か？　どこまでの知識を持っているか？　何を期待して文章を読むのか？）→　エントリーシートでは、自社のことを知り尽くした採用担当者が読み手になります。
- ・自社の事業内容や会社の方針を理解しているか知りたい
- ・会社の社風に合うかどうかが知りたい
- ・学生が優秀かどうか知りたい
- ・志望度が高いかどうかを知りたい

　これらを念頭に置いて文章を書くようにしましょう。読み手が誰かによって、どこまで伝えるのか、どういう表現で伝えるのかが変わってきます。

2 伝えるべきメッセージの明確化

　この文章を読んだ相手が、下記の発言をしました。
「あなたって○○○○○な人だね」

　○○○○○に何が入ればあなたらしさが伝わっていますか？
（例　○○○○○＝積極的に行動できる、粘り強い、周りを動かすことができる）
　このように○○○○○に入る伝えたいメッセージを明確にしておきましょう。

3 自分らしさの表現方法（キーワード、キーセンテンス）の決定

　就職活動においては他の学生と違う自分らしさを伝える必要があります。そうしないと採用の倍率に勝てるわけがありませんし、印象にも残りません。

例えば、【粘り強さ】の場合は、「やり抜く力」、「岩にかじりついてでも結果を残す」、「ド根性」のように少し違う表現を考えると、他の学生と違う切り口でアピールすることができます。

上記の3つの準備を経ていよいよこれからが文章を書いていくことになります。

書き始める（1行目のテクニック）

エントリーシートでは特に各設問に対する答えの1行目が大切になります。

1行目を読んで2行目以降も興味を持って読んでもらわなければ選考通過の確率も下がってしまいます。ここでは、8つの書き出しのパターンをご紹介します。

❶ 見出しをつける
例）「留学先のタイからの奇跡の生還」
　　■ ピアノ全国コンクールへの挑戦〜毎日10時間の練習の日々〜 ■

❷ 短くシンプルに書く
例）笑顔が一番。／誰よりも努力。

❸ キーワードを入れる
例）私には考えて動く、考動力があります。／私はどんな人も受け入れる、人間キャッチャーです。

❹ 反対の要素を入れる
例）情熱と冷静さを併せ持つ私。／大きな目標を持った小さなキャプテン。

❺ 最後まで書かない
例）私が手に入れたのは優勝トロフィーと……。／私の強みは根性だけではありません。

❻ 数字を活用する
例）2300人を集めた学園祭イベント。／売上全国1位を達成。

❼ 相手の頭を「？」にする
例）シュークリームな私。／売上全国1位を達成。

❽ 圧倒的な実績を伝える
例）サッカー日本代表に選出されました。／TOEIC990点達成。

エントリーシート・履歴書を書く事前準備

メンタルモデルを意識した書き方

メンタルモデルとは・・・

文章を読む際に、先の展開を予想して作り上げるイメージのこと。
（読み手は、メンタルモデルを作り上げることで次の展開を予想し理解力を高めようとする）

書かれている文章		メンタルモデル
野球部で主将を務めた時のことです	……▶	野球部の主将としての話だね…
サッカーの試合前に足を骨折した	▶ だから ▶	試合に欠場した内容が続くのだろうな…
彼女との待ち合わせ時間は13時	▶ しかし ▶	待ち合わせ時間には彼女は来なかった内容が続くのだろうな…

読み手が文章を読むとき、読み手は、次の展開を先読みします。

⬇

読み手がメンタルモデルを作りやすい書き方を意識しましょう。

メンタルモデルを意識した書き方

BAD
学生時代は、クラブ活動を行っていました。
私の所属するチームは、毎年関西大会で優勝を争っていました。
私の世代では、今まで格下だった相手にも苦戦するようになり、公式大会で1回戦敗退という屈辱も味わうほど状況は変わりました。
そこで練習メニューを全面刷新しました。

▼

GOOD
学生時代は、ラグビー部に所属していました。
私の所属するチームは関西でも有数の強豪で、毎年関西大会で優勝を争っていました。
しかし、私の世代でこの状況は変わりました。
今まで格下だった相手にも苦戦するようになり、公式大会で1回戦敗退という屈辱も味わったのです。
そこで私がこの状況を打開していこうと行動しました。
それは練習メニューの全面刷新です。

Point

　GOOD例文では読み手に先に情報を与えて、次の展開のイメージを持って読みやすいようにしています。

> 毎年関西大会で優勝を争っていた。
> ▼
> しかし、私の世代でこの状況は変わった。
> ▼
> 今まで格下だった相手にも苦戦、公式大会で1回戦敗退。

　このように読み手に文章のつながりを意識しながら、先読みさせやすい書き方を目指しましょう。そのためには、文章のつながりを読み手に示すことができる接続語の活用も重要です。

エントリーシート・履歴書を書く事前準備

常体と敬体の使い分け

文章の書き方は、大きく2つ。
語尾が「〜だ」「〜である」のように敬語を含まない文体を常体。
語尾が「〜です」「〜ます」のように敬語を含む文体を敬体。
このように2種類に分かれます。

学生からも「どちらの文体を使えばよいですか?」とよく質問される問題です。なかなかこの使い分けが難しいようです。
結論から言いますと、エントリーシートでは常体、敬体のどちらを使っても問題はありません。しかし、どちらかに統一する必要はあります(常体と敬体を混ぜて使うことはできません)。

ただ、どちらの文体にするかによって伝わり方やニュアンスは変わってくるのでまとめておきます。

	常体	敬体
文末	〜だ。〜である。	〜です。〜ます。
読み手の印象	堅い、断定的、事務的	丁寧、やさしい
一般的な使用先	日記、論文、議事録	手紙、対話、メール

あとは、伝える相手(企業)が何を求めているかを少し考えて、自分のキャラクターの打ち出し方を決めてください。例えば、考えるより行動するタイプで、なりふり構わず営業で成果を挙げる姿勢をアピールしたいのであれば、常体の方が適切でしょう。
反対に、丁寧に仕事をこなして、ミスなく仕上げる事務職を目指す場合は敬体を使ったほうが適切でしょう。

このように常体と敬体を理解して、ワンランク上の文章を目指してください。

第2章
つたわるエントリーシート・履歴書を書く48のポイント

　第2章【つたわるエントリーシート・履歴書を書く48のポイント】では、読み手につたわる文章を書く上でのエッセンスをご紹介しています。
　ここに書かれている48つのポイントをマスターすれば、あなたの文章力は大幅に向上します。
　そして、学生というレベルを超えて、社会人レベルでもトップクラスの文章力を身につけることになるでしょう。
　もちろん、就職活動においても、当然その文章力は大きな武器になります。
　他の学生には負けない文章力が手に入るのです。
　これによってエントリー選考の合格率が向上するだけでなく、面接においても有利に働くはずです。
　あなたの文章を読んだ面接官は、きっとあなた自身の印象を強く持ち、より深く知りたいと思って、面接での質問をしてくれることでしょう。
　ぜひ、【文章力】という最強の武器を手に入れて、就職活動、そしてこれから社会に出て活躍してください。そのためにも、この第2章は社会人になっても何度も何度も読み返して理解を深めることをお勧めします。

1 1文をできるだけ短くする

　1文をできるだけ短く書くようにしましょう。1文が長くなってしまうと、読み手もなかなか理解できなくなります。「この表現がなければ文章の意味が通じないか」を基準にして短く書くようにしてください。
　時には、伝えない勇気も持つことも必要です。

Example

BAD
私の強みは、他人のことを思いやり、自分にとって不利なことでも他人のためになることであればしっかりと自分で考えて行動に移すことができるというところです。

▼

GOOD
私の強みは、他人を思いやり、他人のためにも行動できるところです。
私の強みは、「他人への思いやり」です。

Hint! 1文を短くするヒント

　文章を書いた後にチェックする方法。文章中に「て」「り」「が」「という」表現があるかを確認。あれば文章を短くできる可能性が高い。

BAD
学生時代、私は、朝に新聞屋さんのアルバイトをし<u>て</u>、昼に大学に行っ<u>て</u>、夜に居酒屋で働い<u>て</u>、その後にコンビニエンスストアで働くような生活を送っていました。

1. 1文をできるだけ短くする

▼

GOOD
学生時代、私は、アルバイト漬けの日々を送りました。昼は大学があるため、朝に新聞屋、夜に居酒屋とコンビニエンスストアで働く毎日でした。

このように文章を分けることで1文50字以内を守ります。
読み手が理解しやすいように書き手側で内容を整理することも大切です。

BAD
学生時代は、海外に留学し<u>たり</u>、英会話教室に通っ<u>たり</u>、ラジオで勉強し<u>たり</u>、海外の映画を観<u>たり</u>して英語力の向上に努めました。

▼

GOOD
学生時代は、海外留学、英会話教室、ラジオを通して英語力向上に努めました。

並列で情報を並べるときは多くても3つまでです。
4つの情報を並べるのは多すぎるので、重要度の低い情報は省略しましょう。

Point!

多くのことを伝えたい気持ちは捨てるようにしましょう。文章を短くすることを一番に考えて、最も伝えたい情報に絞って書くことがポイントです。

2　1文には1つのメッセージ

　就職活動では、自分のすべてを伝えたい気持ちが先走り、様々な情報を1文に詰め込んでしまいがちです。ただ、読み手は一度に多くの情報を記憶することはできません。
　1文では1つのメッセージに絞って伝えるようにしましょう。

Example

> **BAD**　私は海外留学をしたことがありませんが、今後海外留学も視野に入れて英語力の向上を目指します。

▼

> **GOOD**　私は海外旅行をしたことがありません。
> 　　　　　しかし、今後海外旅行も視野に入れて英語力の向上を目指します。

　BAD文例では、「私は海外留学をしたことがありません」と「今後海外留学も視野に入れて英語力の向上を目指します」の2つのメッセージを1文に組み入れています。このように1文に2つのメッセージを詰め込むと、読み手の理解度は下がってしまいます。
　1文に1つのメッセージになるように文章を書いていきましょう。
　上記のように、「〜が、〜」で文章をつなぐ場合は、**できる限り「〜。しかし、〜」のように文章を2文に分けましょう。**また、この意識を持つことで、1文は短くもなります。

2. 1文には1つのメッセージ

> **BAD** 私の強みは、「誰にも負けない根性」と「コミュニケーション能力」です。

▼

> **GOOD** 私の強みは、「誰にも負けない根性」です。

「 」を使って強調までしているキーワードを2つ並べると、反対に印象が薄くなってしまいます。例えば、「誰にも負けない根性」と「誰にも負けない母性」です。のように2つ並べることで、書き手のセンスを示し、印象を伝えることも可能です。しかし、基本的には「1文には1つのメッセージ」を守って文章を書く方が無難です。

> **BAD** その結果、イベントには2000人もの学生が参加して大成功を収めるとともに、来場者アンケートでも満足度95%を達成できました。

▼

> **GOOD** その結果、イベントには2000人もの学生が参加して大成功を収めることができました。
> さらに、来場者アンケートでも満足度95%を達成できたのです。

Point!

【成果】の部分は特に重要なので1文に多くの詰め込むと勿体ないです。1つの行動で1つの文章になるように書いていきましょう（伝えたい行動が3つあれば、3文必要になります）。

3 主語と述語は近接させる

　文章を理解する上で大切な要素は、主語（誰が・何が）と述語（どうする・どんなだ）といっても過言ではありません。主語と述語を明確に読み手に伝えることで、文章の趣旨を読み手に伝えることができます。そのため主語と述語は近接させて(近づける)、読み手の理解を助けましょう。

Example

> **BAD**　私は、現在の就職活動が多くの学生にとって最適な形だとは考えていません。

▼

> **GOOD**　現在の就職活動が多くの学生にとって最適な形だとは、私は考えていません。

　上記の文章において　**主語＝私は　述語＝考えていません**　となります。BAD文例の文章では、主語と述語が離れてしまっています。そのため、「誰が、何をした」のつながりが分かりにくくなっています。

　それに対してGOOD文例では、主語と述語を近接させていることで、読み手の頭の中を整理しやすくしています。

> **BAD**　アルバイトでの経験は、自分自身を成長させ、仕事への姿勢を学ぶことができた。

▼

> **GOOD** アルバイトの経験を通して私は、自分自身を成長させ、仕事への姿勢を学ぶことができた。

　左ページの BAD 文例では、**主語＝アルバイトでの経験は　述語＝学ぶことができた**　となり、「主語と述語が正しくつながらない文章」になります。
　GOOD 文例では、**主語＝私は　述語＝学ぶことができた**　になります。このように主語と述語の関係を意識して文章を書くようにしましょう。

【 日本語と英語の違い 】　S＝主語　V＝動詞　O＝目的語　C＝補語
「主語と述語を近接させる」べきなのかは、英文法と比較することで明らかです。
　中学校や高校で学んだ通り、英語の語順は、下記の 5 種類（5 文型）です。
❶ **SV**　　　　I　sleep.　（私は眠る）
❷ **SVC**　　　I　am　a　student.（私は生徒です）
❸ **SVO**　　　I　love you.（私はあなたを愛します）
❹ **SVOO**　　She gave me a present.（彼女は私にプレゼントをくれました。）
❺ **SVOC**　　I　call　him　Ken.（私は彼をケンと呼ぶ）

　上記の文法からも分かるように、英語は S（主語）→ V（動詞）の順番で文章が構成されます。つまり、主語と述語という部分が近接することが前提になっているのです。それに対して日本語は、主語と述語が離れがちな言語です。主語の後ろにすぐ動詞が来ないケースも、主語を省略するケースも多いのです。これでは読み手が理解しやすい文章にはなり得ません。だからこそ、伝わりやすい文章を書くために、主語と述語を近接させるように心がけてください。

Point!

主語と述語を離してしまうと、主語と述語がつながらない文章になることが多い。

4 主語を短くする

　主語（誰が・何が）と述語（どうする・どんなだ）を把握することが文章を理解するためには重要であるとお伝えしました。それに加えて、主語の部分を分かりやすくするために「主語を短くする」と読みやすくなります。

Example

BAD
大学1年時から3年間新聞配りのアルバイトをしている私は、毎日5時には起きる習慣がついています。

▼

GOOD
私は、大学1年時から3年間新聞配りのアルバイトをしています。そのため、毎日5時には起きる習慣がついています。

　BAD文例では「大学1年時から3年間新聞配りのアルバイトをしている私は」と、修飾語を含んだ主語が長くなっています。これでは読み手が主語を明確にとらえにくくなります。この場合は、その部分を文章として切り出し、文章を分けるようにしましょう。
　GOOD文例のように主語にかかる修飾語を切り出し1文作ることで、文章を分けることができます。これによって、1文に1つの意味しか入らないようにできます。
　また、主語に対する修飾語はできる限り減らし、主語を短くする工夫も必要になってきます。

4. 主語を短くする

BAD
サークル活動、アルバイト、ボランティア活動、インターンシップにも全力を尽くしてきた私は、貴社でも困難に負けず仕事に全力を尽くすことができます。

▼

GOOD
私はサークル活動、アルバイト、ボランティア活動にも全力を尽くしてきました。
だから貴社でも困難に負けず仕事に全力を尽くすことができます。

　BAD文例のように様々な情報を並べた（「、」でつないだ部分）ことで、主部が長くなっています。このように主部で「、」が多くなると必然的に、文章自体も長くなります。
　GOOD文例のように文章を分けるようにしましょう。
　その際、「サークル活動」「アルバイト」「ボランティア活動」「インターンシップ」と4つも情報が並ぶため、こちらも優先順位の低い情報を削り、3つに絞っておくとよいでしょう。

Point!
1文中に4つ以上「、」がある場合（3つでも注意！）は、情報を詰め込みすぎている可能性が大きい。「伝えたい情報を取捨選択する」「文章を分ける」のどちらかで文章全体の文字数を減らすように。

5 否定形はできる限り使わない

文章はできる限り肯定形を使いましょう。
　脳は瞬時には、否定形を認識できません。そのため、相手に伝わりやすい文章では、否定形ではなく肯定形を使うのが基本です。

Example

> **BAD** 私は、ゼミ長として論文を取りまとめていたため、昨日の定例会議には出席しませんでした。

▼

> **GOOD** 私は、ゼミ長として論文を取りまとめていたため、昨日の定例会議を欠席しました。

「出席しませんでした」を肯定形にして、「欠席しました」にしましょう。このように肯定形で文章を構成した方が、読み手の文章への理解度は高まります。
　特にエントリーシートは短い時間で合否が決まります。だからこそ、肯定形をできる限り使うようにして文章を構成していきましょう。

5. 否定形はできる限り使わない

> ❌ **BAD** 明日、天気がよくなければイベントを開催することはできない。

▼

> ⭕ **GOOD** 明日天気がよければ、イベントを開催できる。

明日、天気がよくなければイベントを開催することはできない。

　これは、1文中に否定形を2重で使っている文章例です。こうなってくると読み手は、文章の意味を瞬間的に理解できないはずです。脳が瞬間的に否定形を認識しにくいことが分かっていただけたと思います。

「私は、あえて彼には賛成しなかった」

　この例では通常は、「反対した」のほうがわかりやすい文章になります。しかし、ここで書き手は、「賛成しなかった」というニュアンスを伝えたかったのです。
　反対まではしていないものの、彼には従う（賛成する）ことはしなかったという状況が反映されています。
　このように分かりやすい、分かりにくいという次元ではなく、書き手の意図が文章には反映されます。このことを理解しておくと、さらに深く文章を理解することができるでしょう。

Point!

エントリーシート選考は、ほんの一瞬で合否が決まってしまうことすらあります。読み手が直感的に理解できる文章を目指して、否定形は肯定形に置き換えて書きましょう。

つたわるエントリーシート・履歴書を書く48のポイント

6 伝えたい内容を明確に伝える

　文章は、書き手が何を伝えたかではなく、読み手が何を受け取ったかで評価が決まります。対面で伝える場合は、表情や声のトーンといった付加情報とともに内容を伝えることができます。しかし、文章ではそうはいきません。書かれた内容のみで読み手は書き手が伝えたいことを受け取らなければなりません。時には書き手の伝えたいことと読み手の受け取ったものが違うときさえあります。双方の間に誤解が生じるのです。したがって書き手は誤解を生まない文章を目指して、できる限り明確に分かりやすくする必要があります。

Example

> **BAD** 彼は、非常におかしいところを持っています。

▼

> **GOOD** 彼は、主張していることに一貫性がないです。

　BAD文例のように、「非常におかしい」では、読み手によって受け取り方が変わります。以降の文章に関わる情報であれば、明確に内容を伝えるようにした方が無難でしょう。GOOD文例では、「非常におかしい」の内容を、「主張していることに一貫性がない」としています。このように抽象的な表現は見直すようにしてください。

> **BAD** 日本に原子力発電所は必要ない。

6. 伝えたい内容を明確に伝える

▼

> **GOOD** 日本に原子力発電所は必要ないと私は考える。

　主観なのか、客観的事実なのかの区別は社会人になってからも重要になってきます。
　例えば、「日本に原子力発電所は必要かどうか」は、現時点では賛否両論ある内容で、客観的な事実とは言いにくい。そのため、「〜と私は考える」のように個人的な意見であることを明確に伝えるようにしましょう。

> **BAD** 明日は、課長が対応するらしいです。

▼

> **GOOD** 部長の話では、明日は、課長が対応するとのことです。

　この例は、ビジネス上でよくある例です。「課長が対応する」という情報が、誰からの情報なのかによって確度が変わってきます。そのため、明確に情報の出所を伝えることが重要なポイントになってきます。

Point!

社会人になれば、自分の意見（主観）or 客観的事実、誰からの情報なのか等を区別して伝える必要があります。誤解を生む可能性のある情報は、電話や直接会って伝える（就活では面接）のが基本。

7 因果関係を正確に伝える

　原因と結果の関係（因果関係）を正確に伝えることは、読み手の文章全体に対する理解力を高めます。因果関係を正確に読み手に伝えるように書きましょう。

Example

BAD
私の所属するテニスサークルでは、特別練習日に1日10時間の過酷な練習メニューが組まれている。
そのため、特別練習日には上級者の参加が少ない。

▼

GOOD
私の所属するテニスサークルでは、特別練習日に1日10時間の過酷な練習メニューが組まれている。
そのため、特別練習日には初心者の参加が少ない。

　ここでは、原因→（特別練習日に）過酷な練習メニューが組み込まれる
　　　　　　結果→（特別練習日に）初心者の参加者が少ない
となるのが因果関係としては正しいです。

　もしBAD文例のように、過酷な練習で上級者の参加が少なくなっているのであれば、なぜそうなったのかの理由を述べる必要があります。
（上級者は練習をするのが嫌で、練習試合を求めていた……等）

7. 因果関係を正確に伝える

> **BAD** 私は家庭教師として生徒とのコミュニケーションの充実を図った。その結果、成績が大幅に向上した。

▼

> **GOOD** 私は家庭教師として生徒とのコミュニケーションの充実を図った。その結果、生徒との信頼関係が生まれ、宿題も必ず提出するようになった。これによって、成績が大幅に向上した。

　エントリーシートにおいて因果関係が正確に伝えられていない部分は、「行動」と「成果」がほとんどです。BAD文例はよくありがちな失敗例です。「コミュニケーションの充実→成績が大幅に向上」と言い切るのは無理があります。
　論理の飛躍があるのです。
　この場合は、
　<u>コミュニケーションの充実</u> → 生徒との信頼関係構築 → 宿題をやるようになった → <u>成績が大幅に向上</u>
　と因果関係が明確になるように文章を補足しましょう。

　「学生時代に力を入れたこと」や「自己PR」では、多くの場合、**自分が何をしたのか（行動）**と、**どういう結果が得られたのか（成果）**を伝えます。

Point!

「行動」と「成果」の因果関係はエントリーシートでも特にチェックする箇所になってきますので、丁寧に補足して因果関係を正しく伝えましょう。

8 問題点と解決策の関係を正確に伝える

文章の構成では「問題」にフォーカスすると印象に残りやすいことを説明しました。

例えば、家庭教師のアルバイトでは、担当生徒の成績が悪かった（問題）→担当生徒の成績を上げるために○○した（解決策）のようになります。

こうすることで、自分の行動（解決策）を印象付けることができるのです。

ただし、この「問題」と「行動（解決策）」が正しくつながらないと読み手にとって分かりにくい文章になるので注意しましょう。

Example

> **BAD**
> 家庭教師のアルバイトの中で宿題をやってこない学生を受け持つことになった。そこで私は、英語の小テストを毎日実施することにした。

▼

> **GOOD**
> 家庭教師のアルバイトの中で宿題をやってこない学生を受け持つことになった。そこで私は、宿題チェックノートを作り、毎日宿題の進捗状況を確認するようにした。

ここでは、**「問題」＝宿題をしてこない** のため、解決策では、生徒に宿題をしてもらう施策になるはずである。

つまり、宿題をしてもらう施策以外（「英語の小テストを毎日実施」）は不適当となる。問題点をしっかり把握した上で、それに対応する解決策にしましょう。

8. 問題点と解決策の関係を正確に伝える

BAD
私の所属するテニス部は弱小チームで、試合に勝ったことすらありませんでした。そのため、勝てるように練習メニューを見直すことにしました。

▼

GOOD
私の所属するテニス部は弱小チームで、試合に勝ったことすらありませんでした。その原因は、明らかな練習量不足でした。そのため、勝てるように練習メニューを見直すことにしました。

　エントリーシートでは、一般的に短い文字数で読み手が納得する内容を伝える必要があります。その際に、「問題」と「行動（解決策）」（「学生時代に力を入れたこと」や「自己PR」の場合）が明確につながる必要があります。

　上記のように、「試合に勝ったことがない」だけだと問題点が明確になっていません。この場合は補足をして **問題点＝練習不足** としておいて、それに対する「行動（解決策）」を明確に伝えていきます。

　問題点を明確に（具体的に）伝えておくと、それに対する「行動（解決策）」もより具体的に書けるようになるはずです。

Point!

「問題」と「行動（解決策）」を正確に伝えるためには、「問題」の箇所をより具体的に書くのがポイントです。

つたわるエントリーシート・履歴書を書く48のポイント

⑨ 省略された主語に注意する

日本語は主語を省略することができます。
　ただ省略したことを頭に入れておかないと、文章として成り立たないこともよくあるので注意しましょう。

Example

BAD 友人には、いつも問題点を指摘され、改善点を教えた。

▼

GOOD 友人には、いつも問題点を指摘され、改善点を教えてもらった。

ここでは下記のように主語が隠れていることを頭に入れておきましょう。

　BAD文例の場合「(私は) 友人には、いつも問題点を指摘され、(友人が×) 改善点を教えた。」BAD文例では省略された主語が、「私は」から、「友人が」へと変わっていることが分かります。
　この場合は、GOOD文例のように「(私は) 友人には、いつも問題点を指摘され、(私は) 改善点を教えてもらった」となるのが正しい文章です。
　主語を省略する場合は、最後まで変えないようにしましょう。

9. 省略された主語に注意する

BAD
彼は、海外留学を実現させるために英語の勉強をしているようだ。彼は、毎日英会話スクールに通い、英語の勉強に励んでいる。彼の海外留学への本気度を強く感じた。

▼

GOOD
彼は、海外留学を実現させるために英語の勉強をしているようだ。毎日英会話スクールに通い、英語の勉強に励んでいる。私は、彼の海外留学への本気度を強く感じた。

「彼は、〜」、「彼は、〜」と2文続けて主語が「彼は」になっているため、主語が変わる次の文章では、
「私は」と主語を入れておいた方が読み手にとっては分かりやすい。
　また、「毎日英会話スクールに通い、英語の勉強に励んでいる」の文章では、主語の「彼は」を省略した方が文章の展開が分かりやすくなります。

Point!
同じ主語が続く場合は、何度も繰り返される主語を省略する。
主語が変わるときは、改めて主語を記入する。

10 省略できる主語をあえて使う

通常は省略できる主語をあえて記載することで、その主体（誰が）を強調することができます。エントリーシートでは、自分（私）をアピールするために書くものです。そのため、主語を効果的に使って主体である自分（私）をアピールしましょう。

Example

BAD 人を巻き込む行動力なら誰にも負けません。

▼

GOOD 人を巻き込む行動力なら**私は**誰にも負けません。

「自己PR」の書き出しでよく登場する文章です。

　内容は同じでも、あえて主語を入れた GOOD 文例の文章の方が、「私は」の部分が強調され、より強いアピールにつながります。
　この文章では、主語を省略しても、意味は通じます。
　しかし、**あえて主語を入れることで、「（他の人と違って）私は」**という意味を伝えることができます。

BAD 私の所属するゼミは、討論会での発言者はいつも同じ状態でした。そこで、毎回多くの人に意見を求め、話しやすい雰囲気を作りました。

▼

> **GOOD** 私の所属するゼミは、討論会での発言者はいつも同じ状態でした。そこで**私は**、毎回多くの人に意見を求め、話しやすい雰囲気を作りました。

このようにあえて「私は」と主語を入れることで、「私が」という部分を強調できます。

エントリーシートでも、「私は〜できる」（強みやアピール）、「私が〜する」（行動）の部分では省略できる主語もあえて入れておきましょう。

少しの工夫で、読み手への印象は変わってくるはずです。

> **BAD** 多くのアルバイトが辞めていきました。
> しかし、辞めませんでした。

▼

> **GOOD** 多くのアルバイトが辞めていきました。
> しかし、**私は**辞めませんでした。

「しかし（逆接）」の後で、強調されるのでここは「私は」と主語を入れるとより効果的なアピールにつながります。

Point!

主語を省略しても、意味は通じ文章でも あえて主語を入れることで、「（他の人と違って）私は」という意味を伝えることができます。

11 読み手が知らない可能性のある言葉は説明する

　読み手は、「知らない言葉」が、突然現れると大きく理解度が低下します。そうならないために読み手の「知らない言葉」には説明を加えましょう。場合によっては、「知らない言葉」を説明する文章を追加した方がよい場合もあります。

Example

> **BAD** 私は、大学に設置されているイノベーションセンターに行ってアドバイスを受けた。

▼

> **GOOD** 大学には新しい発想のビジネスを支援するイノベーションセンターが設置されている。私はそこで新規ビジネスのアドバイスを受けた。

　文章の書き手と読み手の間には知識レベルの差が存在することを理解しておきましょう。ここでは、読み手が「イノベーションセンター」という言葉を知らない可能性すらあります。読み手の立場や知識レベルを考えた上で、必要ならば説明を加えておくようにしましょう。（読み手にとって知っていて当然の言葉であれば説明は必要ありません）

> **BAD** 研究室ではリコピンを効率的に抽出する研究を行っている。

▼

11. 読み手が知らない可能性のある言葉は説明する

> **GOOD** トマトにはリコピンという抗酸化作用の強い成分が含まれている。研究室で私は、このリコピンを効果的に抽出する研究を行っている。

　トマトに含まれる「リコピン」を読み手が知らない場合があるため、あらかじめ説明する文章を追加した方が読み手にとって分かりやすい文章になる。ただ、このエントリーシートをカゴメ株式会社に提出する場合、読み手の知識レベルからしても、この説明を入れるのはかえって失礼になるので注意しましょう。
　このように、読み手がどこまで知識を持っているのか、その言葉が読み手にとって当たり前の言葉なのかを考えて、文章を書くようにしましょう。

> **BAD** 私はCSの向上に全力を尽くした。

▼

> **GOOD** 私は顧客満足の向上に全力を尽くした。

　CSと書いても、顧客満足 (customer satisfaction)、カスタマーサポート (customer support)、場合によっては通信衛星 (communications satellite) ということもあり得ます。CS放送を事業にしている会社であれば当然CSとくればCS放送でしょう。そのため、突然省略語を書くと誤解が生まれることもあるので注意してください。

Point!

> 読み手の立場や知識レベルを考えた上で、必要ならば説明を加えておくようにしましょう。

12 述語の共用に注意

「○○○や×××が〜する」このような文章のとき、述語である「〜する」は「○○○」と「×××」の両方を受ける必要があります。よく間違う文法なので覚えておきましょう。

Example

BAD 本日の説明会では、会社についての説明や会社パンフレットが配られます。

▼

GOOD 本日の説明会では、会社についての説明が行われ、会社パンフレットが配られます。

「会社概要の説明 ⇒ 行われる」「会社パンフレット ⇒ 配られる」とそれぞれの述語が違う場合は、1つにまとめることができないので注意しましょう。

「本日の説明会では、商品サンプルと会社パンフレットが配られます」

このように「商品サンプル ⇒ 配られる」「会社パンフレット ⇒ 配られる」と同じ述語を使える場合は述語の共用が可能です。

12. 述語の共用に注意

BAD 本日は、面接の練習やエントリーシートを書きました。

▼

GOOD 本日は、面接の練習を行うとともに、エントリーシートを書きました。

「面接の練習 ⇒ 行う」「エントリーシート ⇒ 書く」
述語を書き分けて正しく内容を伝えましょう。

BAD 説明会ではパンやジュースを飲むことは許されない。

▼

GOOD 説明会ではパンを食べたり、ジュースを飲んだりすることは許されない。

「パン ⇒ 食べる」「ジュース ⇒ 飲む」
文章を短く書こうとしたときによく間違う失敗なので注意しましょう。

Point!

それぞれの述語が違う場合は、1つにまとめることができないので注意しましょう。

13 述語を2つ重ねない

1文中で述語を2つ重ねることはできません。文章を短く書く意識を持てばこのミスを防ぐことができます。文章をシンプルに書くように意識しましょう。

Example

BAD
気遣いも大事だと**思った**のは、ボランティアの経験から感じるようになった。

▼

GOOD
ボランティアの経験から、気遣いも大事だと**感じる**ようになった。

「〜思ったのは〜感じるようになった」と続くのはおかしいところです。述語が1つになるよう伝えたいことをまとめましょう。

BAD
半年間の研究データを踏まえると、実験での操作ミスによる誤差の影響に関しても**考慮する必要がある**と考えられます。

▼

GOOD
半年間の研究データを踏まえると、操作のミスによる誤差の影響に関しても**考慮する必要があります**。

13. 述語を２つ重ねない

「考慮する必要があると考えられます」は、「考慮する」と「考えられます」の２つの述語が続いているので分かりにくい。

もっとシンプルに、「考慮する必要があります」と書くと分かりやすいです。

また、「考慮する」と「考えられます」と同じ意味の表現が続くことも違和感につながります。

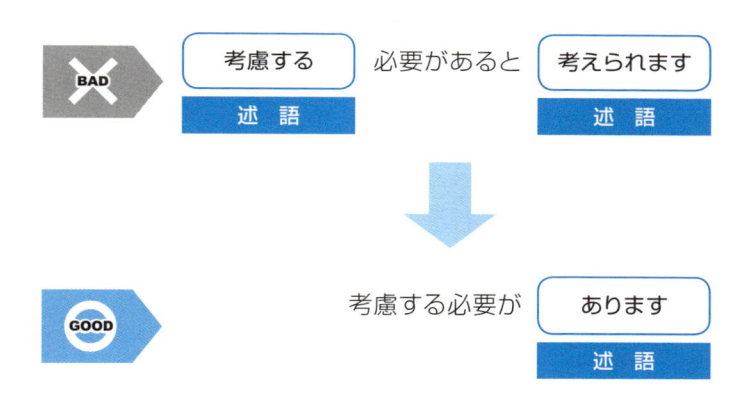

BAD 　考慮する【述語】　必要があると　考えられます【述語】

↓

GOOD 　考慮する必要が　あります【述語】

Point!

文章を短く書く意識を持てば、述語を２つ重ねるミスを防ぐことができます。

14 キーワードを次文で受け継ぐ

　読み手を文章に引き込むテクニックとして、キーワードを次の文章で引き継ぐ方法があります。キーワードを引き継いで文章を書くことで、論理的でつながりの明確な文章になっていきます。文字制限のあるエントリーシートの質問項目では、使う機会はそれほど多くはないものの、ぜひこの機会に覚えておいてください。

Example

> **BAD**　卒業旅行では、マカオに行きました。そして、そこでカジノ街を1日歩き回り、マカオの発展ぶりを肌で感じました。

▼

> **GOOD**　卒業旅行では、**マカオ**に行きました。
> **マカオ**といえば、アジアを代表する**カジノ街**です。
> その**カジノ街**を1日歩き回り、マカオの発展ぶりを肌で感じました。

　〜 A 〜 ⇒ A 〜 B ⇒ B 〜

　このように、前文のキーワードを受け継いで、文章を続けるとスムーズに文章が繋がります。メンタルモデルに合わせた展開にもなるので、読み手は理解しやすくなります。

　ただし、全体的な文字数は増えてしまうので、文字数に余裕があるときに使うことを検討してください。

14. キーワードを次文で受け継ぐ

BAD
私の強みはより良いものを求める姿勢です。だから私は貴社でならもっとも私の強みを発揮できると確信しています。

▼

GOOD
私の強みはより良いものを求める姿勢です。その中で、貴社で活躍している人材は、良いものを求める姿勢があると説明会でもお伺いしました。だから私は貴社でならもっとも私の強みを発揮できると確信しています。

私の強み ＝ A　　貴社に必要な能力 ＝ A　　だから私は貴社で活躍できる。

このようにキーワードを受け継いで「自分の強み」＝「志望企業で求められているもの」と書くことでその会社に必要な存在であることをアピールすることも可能です。

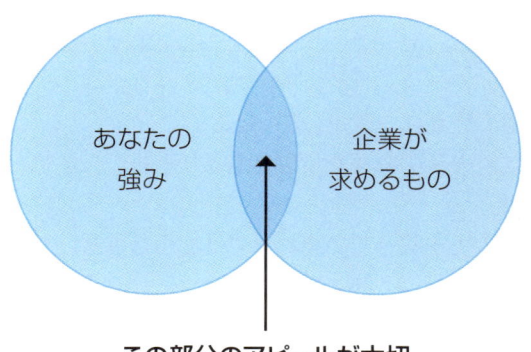

あなたの強み　　企業が求めるもの

↑
この部分のアピールが大切

Point!
キーワードを引き継いで文章を書くことで、論理的でつながりの明確な文章になり、読み手を文章にひき込みます。

15 修飾語の位置に注意する

修飾語を何気なく使っていませんか？
修飾語は被修飾語の直前に使うようにしましょう。
修飾語の位置によって文章の意味も変わってくるので注意してください。

Example

BAD 私は、**最も**テニスサークル活動での活動に**力を入れた**。

▼

GOOD 私は、テニスサークルでの活動に**最も力を入れた**。

このように修飾語の位置にも注意してください。
また下記のように読み手の意思を反映させることもできます。

- 決して私は、あなたを疑っているわけではありません。
    - 決して　　　私は　　　「私は」を修飾。
    - （修飾語）（被修飾語）　ここでは「私は」疑っていないと強調できる。

- 私は、決してあなたを疑っているわけではありません。
    - 決して　　　あなたを　　「あなたを」を修飾。
    - （修飾語）（被修飾語）　ここでは「あなたを」疑っていないと強調できる。

15. 修飾語の位置に注意する

> **BAD** <u>できるだけ</u>ミスを減らすために、他人にチェックしてもらう方が良い。

▼

> **GOOD** ミスを減らすために、**できるだけ**他人にチェックしてもらう方が良い。

BAD 文例では、できるだけ　ミスを減らすために
　　　　　　　できるだけ　他人にチェックしてもらう

と2通りの意味に解釈が可能です。
それに対して GOOD 文例では　できるだけ　他人にチェックしてもらう
と1つの意味にしかなりません。

このように修飾語の位置によって、文章の解釈が変わってくることもあります。
修飾語を適切に使わないと誤解につながるのです。

Point!

誤解を招かないように修飾語と被修飾語は離さず直前に置くようにしてください。

16 箇条書きの使い方

　エントリーシートでもよく使うのが箇条書きです。ただ、箇条書きは正しく使わないと、読み手の理解を妨げることすらあります。

Example

BAD
> 私はサークルのリーダーとしてこのような行動をとりました。
> 1つ目は、メンバー一人ひとりとの面談の実施です。
> 2点目は大規模のサークルだったので、練習メニューを個別に決めました。これによって各自のペースに合わせて練習ができるようになりました。
> 最後に、メーリングリストの導入です。

▼

GOOD
> 私はサークルのリーダーとして下記の3つの行動をおこしました。
> <u>1つ目は、</u>メンバー一人ひとりとの面談の<u>実施</u>です。
> <u>2つ目は、</u>個別練習メニューの<u>設定</u>です。
> <u>3つ目は、</u>メーリングリストの<u>導入</u>です。
> これによって、サークルメンバーの意識が大きく変わりました。

　箇条書きを使う際は、先に要素がいくつあるかを明記し、各要素の書き方を統一して並べるのが基本です。上の文例では3つの要素なので、先に「下記の3つの行動をおこしました」と明記し、「1つ目は、～です」の形なので、「2つ目は、～です」、「3つ目は、～です」と続けます。
　要素は3つに絞った方が瞬間的に分かりやすいので、可能であれば要素を3つでまとめてみてください。

16. 箇条書きの使い方

BAD
> 私は面接に臨む際に大切にしているポイントがあります。
> 1点目は、ネクタイの色です。
> 2点目は、身だしなみです。
> 3点目は、清潔な服装。
> 4点目は、元気のよい挨拶です。

▼

GOOD
> 私は面接に臨む際に大切にしているポイントが3点あります。
> <u>1点目は、</u>ネクタイの色<u>です</u>。
> <u>2点目は、</u>清潔な服装<u>です</u>。
> <u>3点目は、</u>元気のよい挨拶<u>です</u>。

箇条書きを使う際には、挙げられた要素は相互に排他的で重複がない必要があります（BAD文例「身だしなみ」の中に、「清潔な服装」が含まれるので重複します）。同じような要素が入っている場合はチェックしましょう。

Hint! 箇条書きを使う際の5つのヒント

1. 要素は出来る限り短く書く
2. 形をそろえる（1つ目は、～。2つ目は、～。3つ目は、～）
3. 各要素の語尾をそろえる（実施、設定、導入、と名詞で終わる形でもよい）
4. 先に要素がいくつあるかを伝える（3つの行動を起こしました）
5. 要素をすべて提示してから補足する（要素の間に補足や成果を挟まない）

Point!

> 箇条書きのメリット：情報を分かりやすく伝えることができる
> 箇条書きのデメリット：感情を込めた文章を書く際には活用しにくい

17 「たり」の使い方

「たり」は「〜たり、〜たり」という風に繰り返すのが正式な語法です。
　話し言葉で、「今日はテレビを観たりして過ごしました」ということもありますが、文章では正しい語法で伝えましょう。

Example

BAD 昨日は、家でテレビを観<u>たり</u>、本を読んで過ごしました。

▼

GOOD 昨日は、家でテレビを観<u>たり</u>、本を読ん<u>だり</u>して過ごしました。

「たり」の使い方を間違う学生が多いです。
　上のように、2つの行動を並べて伝えるときに「〜たり〜たり」と繰り返して使用するのが正しい語法です。
「家でテレビを観たり、本を読んで過ごしました」のように「たり」が1つだけになるのは間
　違っているので注意しましょう。

BAD 学生時代は、学業以外ではアルバイトを<u>したり</u>、サークル活動をして過ごしました。

▼

17.「たり」の使い方

> **GOOD** 学生時代は、学業以外ではアルバイトをし<u>たり</u>、サークル活動をし<u>たり</u>して過ごしました。

> **GOOD** 学生時代は、学業以外ではアルバイトをして過ごしました。

「たり」は「〜たり、〜たり」と繰り返すのが正しい語法になります。
　エントリーシートでは文字数の制限もあるので、「〜たり、〜たり」と繰り返して2つの行動を並べるよりは、1つの行動に絞った方がよい場合も多いです。
　「たり」があると文章が長くなってしまうので、伝えたいことや、文字数を考慮に入れたうえで、どこまで伝えるかを決めてください。

Hint!「たり」が2回続かない語法

動作・状態を例示して、他の場合を類推させるときに使う「たり」

「怪我をしたりしたら大変だ。」

　怪我以外にも同じような事柄があることを暗示する目的で「たり」を使用しています。
　この場合は、「たり」が1つでも使用できるので注意しましょう。

Point!

並立で情報を並べる場合は「〜たり〜たり」と繰り返して使用するのが正しい語法で、「たり」が1つだけになるのは間違い。

18 「とか」の使い方

「とか」は2つの名詞を列挙するときに使用します。
　基本的には、「〜とか〜とか」と「とか」を2回以上繰り返して使うのが正しい語法です。ただし、最後の「とか」を省略することもあります。
　しかし、エントリーシートではあまり使わないほうがいい表現です。

Example

BAD 私は、業界研究のために化粧品とかを購入しました。

▼

GOOD 私は、業界研究のために化粧品とかサプリメント**とか**を購入しました。

GOOD 私は、業界研究のために化粧品**とか**サプリメントを購入しました。

「化粧品とかサプリメントとか」と複数列挙するのが基本的な「とか」の使い方です。「化粧品とかサプリメント」というように、最後の「とか」を省略することは可能です。ただし、2つ以上の事物を列挙するときに使う言葉なので、2つ以上の事物が列挙されていなければなりません。

18.「とか」の使い方

> **BAD** エントリーシートでは誤字とかに気をつけましょう。

▼

> **GOOD** エントリーシートでは誤字**とか**脱字**とか**に気をつけましょう。

> **GOOD** エントリーシートでは誤字**とか**脱字に気をつけましょう。

「エントリーシートでは誤字とかに気をつけましょう」と「とか」を単体で使うことはありません。

また、「とか」は2回以上繰り返して使うのが正しいものの、エントリーシートでは3回以上はやめておきましょう。

短くシンプルに書くことを心がけておくと分かりやすい文章になります。

Point!

「とか」は2つ以上の事物を列挙するときに使う言葉。最後の「とか」を省略することは可能。3回以上は禁物！

19 「など」の使い方

「など」は2つ以上の名詞を列挙するときに使用する使い方と、1つだけ名詞を挙げて他の存在を示す使い方の両方があります。
「AやBなど」「Aなど」の両方が正しい語法です。

Example

BAD 学生時代はカフェでのアルバイトをしておりました。

▼

GOOD 学生時代はカフェでのアルバイト**など**をしておりました。

GOOD 学生時代はカフェでのアルバイトや海外ボランティア**など**をしておりました。

「学生時代はカフェでのアルバイトなどをしておりました」では、書き手は他にもいろんなことをやっていたという意味を含んで伝えるときに伝えます。
　エントリーシートでは文字制限があるため有効な語法です。
　一方、「学生時代はカフェでのアルバイトや海外ボランティアなどをしておりました」では、「カフェでのアルバイト」「海外ボランティア」とどちらも伝えたい情報であるときに使うとよいでしょう。

19.「など」の使い方

BAD 私の趣味は、サッカーや野球のスポーツ観戦です。

▼

GOOD 私の趣味は、サッカーや野球**など**のスポーツ観戦です。

GOOD 私の趣味は、サッカー**など**のスポーツ観戦です。

GOOD 私の趣味は、サッカーや野球**等**のスポーツ観戦です。

　スポーツ観戦の例としてスポーツを挙げるのであれば、「サッカーや野球など」と2つの要素を挙げておくのが無難です。
　また、「など」を漢字にして「等（とう、など）」とすることも少なくありません。
　ビジネス文章を書くときは、漢字で「等」と使うとよいでしょう。

Point!

「など」「等」を有効に使うと、他にもいろんなことをやっていたという意味を読み手に伝えることができます。

20 「　」の使い方

　エントリーシートでもよく使う「　」（括弧）の使い方について説明します。
　「　」は強調するときや、会話などの引用をくくるときに使います。
　文中で「　」を使う場合、「　」を閉じるときは「。（句点）」をつけないのが一般的です。

Example

BAD　「自分自身を知れ。」いつも先生にはこう言われています。

▼

GOOD　「自分自身を知れ」いつも先生にはこう言われています。

　GOOD文例のように、括弧を閉じる直前にある「。（句点）」は省略して使います。「　」を使うことで読み手の目線が引き付けられるので、重要なポイントで「　」をうまく使って、効果的に情報を伝えましょう。

Hint!　その他の括弧の使い方

その他の括弧の使い方をご紹介します。
- （　）──補足の際に使います。

20.「 」の使い方

> **GOOD** 趣味は、海外旅行です（今までに 15 か国を訪れています）。

◉『 』──「 」でくくられた引用文の中での二重引用の際に使用します。もしくは作品名で使うこともあります。

> **GOOD** 「彼は『自分の責任ではない』と話していました」

> **GOOD** 川端康成の『雪国』

　括弧にも様々な意味合いや使い方があります。
「 」、（ ）、『 』の３つの括弧に関しては使い方を理解しておいてもよいでしょう。
　強調したいポイントで括弧を使うことも効果的です。
　ただし、エントリーシートでは括弧の乱用はかえって強調したいポイントがぼけます。読み手の視線を誘導したい箇所で効果的に使うようにしましょう。

Point!

エントリーシートのように短い文字数で伝える文章では、括弧は重要な役割を果たします。
使い方を正しく理解して、効果的に括弧を活用しましょう。

21 「こと」「もの」の使い方

「こと」や「もの」は使い勝手のよい言葉で、様々な単語の代用として使われます。ただ、意味が広い言葉であるがゆえ、読み手にはぼやけて伝わることもあります。

Example

> [BAD] 代表的な筆記テストには以下の**もの**があります。
> SPI、玉手箱、CAB、GAB、TG-WEB などです。

▼

> [GOOD] 代表的な筆記テストには以下の**種類**があります。
> SPI、玉手箱、CAB、GAB、TG-WEB などです。

BAD文例では「以下のもの」とありますが、ここでの「もの」は「種類」と言い換える方が分かりやすいです。

形式名詞(「こと」「もの」「ところ」「わけ」など)の中でも特に、「こと」「もの」は抽象的なのでできる限り違う表現に置き換えるようにしてください。

> [BAD] 就職活動という**もの**を改めて考えるようになった。

▼

> [GOOD] 就職活動を改めて考えるようになった。

21.「こと」「もの」の使い方

「就職活動というもの」の「というもの」は不要なので省略します。

> **BAD** 私の強みは人を楽しませる**こと**が得意な**こと**です。

▼

> **GOOD** 私の強みは人を楽しませる**こと**です。

BAD 文例のように「～こと～こと」となるのは避けましょう。
できれば「こと」と1つにまとめた方がよいでしょう。

Hint! 「事」と「こと」の使い分け

　普通名詞の場合には「事」、形式名詞の場合は「こと」、という風に使い分けします。
　〈例〉大変な事が起こる予感がします。
　　　→ この場合は「事＝事件（出来事）」に置き換えられます。
　〈例〉「そんなことはないよ」
　　　→ この場合は、「こと＝事件（出来事）」に置き換えられません。

Point!

使いやすいが故に「もの」「こと」は要注意！　「こと」「もの」以外の表現を使える場合は、違う表現を使いましょう。

22 接続語を理解する

　接続語は伝わりやすい文章を書く上では非常に重要な役割を持っています。接続語は、前後の2文がどのように連結されているかを伝える役割を持っています。
　これによって、読み手は接続語を元に文章の展開を予想しながら読み進めていくことができるのです。

◉ **しかし（逆接）**── 前文と反対の内容が書かれる

　　〈例〉私は就職活動当初、人材業界の企業を志望していました。
　　　　しかし、貴社に出会ってこの考え方は大幅に変わりました。
　　　　貴社が取り組まれている教育ビジネスこそ、私が求めている仕事だと確信したのです。

　逆接の後は、強調されます。
　書き手の伝えたい内容を、逆接の後に書きましょう。
　強調したいことを明確に伝えるため、400字程度の設問では、逆接は1回までしか使わないと覚えておきましょう。

◉ **だから（順接）**── 前文の理由として順当に起こる内容が書かれる

　　〈例〉私はできるのであれば日本ではなくアジアを拠点として働きたいです。
　　　　だから、貴社で海外駐在員として働くことを志望します。

　「だから」を使う場合は、原因（理由）と結果（結論）の関係を正しく理解して書く必要があります。

◉ **つまり（換言）**── 前文の要約された内容が書かれる

　　〈例〉私は、その店のマネージャーになりました。
　　　　つまり、店を任せられる存在になったのです。

22. 接続語を理解する

　前文の言い換えをして分かりやすく伝えます。
　書き手があえて言い換えて説明するわけですから、読み手も注意深く読むポイントになります。
　そのため、「つまり」も乱発するのではなく、ココ！という箇所で使いましょう。

◉ たとえば（例示）—— 具体例を挙げて分かりやすく説明する

　〈例〉私は様々な方法で英語力の向上を目指しました。
　　　たとえば、アメリカへの短期留学や英会話学校への通学です。

前文の内容を分かりやすく具体例を挙げながら説明する際に使います。

◉ なぜなら（理由）—— 前の内容の理由が書かれる

　〈例〉私は今、簿記の勉強に力を入れています。
　　　なぜなら、将来的には企業の経理担当として活躍したいからです。

「なぜなら」以降は、前文の理由になることを分かりやすく伝えます。
　ただ、「なぜなら」を多用すると、文章の流れが悪くなります。
　スムーズな文章を書くためには、できれば使いたくない接続語です。

Point!

「しかし」「だから」「つまり」「たとえば」「なぜなら」などの接続語は2文の連結に重要な役割を持っているので、有効に使いましょう。

つたわるエントリーシート・履歴書を書く48のポイント

23 逆接の接続語の使い方

　文章において「逆接の接続語」は重要な意味を持ちます。文章を書く際は「文章のつながり」が大切で、読み手のメンタルモデルの通り文章を展開させていくのが通常です。

　しかし、この「逆接の接続語」を使うことで、今までと全く反対の内容になってしまうのです。そのため、読み手は少なからず戸惑うことでしょう。

　ただ、今までとあえて違う内容を伝えるわけですから、書き手がどうしても伝えたい内容だと判断して、注意して読むことになるのです。

　このように「逆接の接続語」で読み手を引き付ける効果もあるのです。つまり、「逆接の接続語」の直後には書き手が強調したい内容を書けば効果的に伝わります。

Example

> **BAD**
> 私は、大学では野球部に所属しております。
> **しかし**、最初はテニスサークルと迷いました。

▼

> **GOOD**
> 現時点では、私の英語力では海外では通用しないと考えております。
> しかし、入社までには必ず英語力を高めてみせます。

　BAD文例では、「最初はテニスサークルと迷いました」が強調されてしまいます。「テニスサークルと迷ったこと」を強調しても、アピールどころかマイナスの評価になります。

　GOOD文例のように、伝えたい内容を「しかし」の後に書きましょう。

23. 逆接の接続語の使い方

BAD
サッカー部へ入部当初、初心者の私は練習にすらついていけませんでした。 しかし、諦めずに、毎日自主練習に励み、1年後にはレギュラーを獲得したのです。

▼

GOOD
サッカー部へ入部当初、初心者の私は練習にすらついていけませんでした。 しかし、私は諦めませんでした。毎日自主練習に励み、1年後にはレギュラーを獲得したのです。

「しかし」の後は強調される部分なので、シンプルに伝えたいことを書くようにしたいです。

伝えたいことが複数ある場合も、1つに絞って書くようにしましょう。

私が、エントリーシートの添削を 10,000 通以上やってきて確信したのは、「逆接の接続語」を上手く使える人は文章が上手いということです。

ぜひ、皆さんも「逆接の接続語」を使いこなしてみてください。

Hint! 逆接を使う際の3つ注意事項

❶ 逆接の直後は出来る限り短くシンプルに書く
❷ 逆接の後に最も伝えたいこと（強調したいこと）を書く
❸ 400 字程度の文章では逆接を 2 回以上は使わない
　（何を伝えたいかが分かりにくくなります）

Point!

「逆接の接続語」で読み手を引き付け、直後に書き手が強調したい内容を書けば効果的に伝わります。

24 「また」の使い方

「また」は「情報の添加・並列」、「話題の転換」の際に使う接続語です。
　エントリーシートでは、様々なことを伝えたいと思う学生が多いので、「また」はよく使われているようです。
　しかし、「また」は400字程度の比較的短い文章を書く際は使わないのが理想です。読み手は、文中に「また」があると、「情報の添加・並列」か「話題の転換」かが分からないまま次の文章を読むことになり理解度が下がります。
　加えて、400字程度の設問に対して、「話題の転換」をすること自体もおかしいことです。

Example

BAD
学園祭では私たちのお店に100人ものお客様が来てくれました。**また**、売上でも今年の目標を達成できました。

▼

GOOD
学園祭では私たちのお店に100人ものお客様が来てくれました。**さらに**、売上でも今年の目標を達成できました。

　エントリーシートでは、短い時間で読み手に理解してもらう必要があります。
　そのため「また」は使わないと覚えておきましょう。
「また」を使いたいと思えば、「情報の添加・並列」の接続語である「さらに」を使いましょう。

24.「また」の使い方

> **BAD**
> 私は、接客マニュアルを作成することを提案しました。**また**、顧客の情報をまとめた顧客ノートを作成し、接客レベルの向上に努めました。

▼

> **GOOD**
> 私は、接客マニュアルを作成することを提案しました。**さらに**、顧客の情報をまとめた顧客ノートを作成し、接客レベルの向上に努めました。

「また」があれば「さらに」に置き換えを検討しましょう。
「また」が「話題の転換」の役割として使われているのであれば、その文章自体を削除しましょう。

Hint!「また」を含む文章を見つけたとき

⇒「さらに」と置き換えて文章を読んでみる。
　　〈意味が通じる〉　　→　「また」を「さらに」に置き換え。
　　〈意味が通じない〉　→　「また」を含んでいた文章ごと削除。
　　　　　　　　　　　　　（話題の転換をしているため）

Point!
接続語は文章のつながりを明確にするために活用します。
そのため、複数の働きを持っている接続語は使用の際に注意が必要です。

25 接続語一覧

「接続語」は重要な意味を持ち、文章を引き締める役割を果たします。読み手も「接続語」により後に続く文章の展開を予感するので、正しい「接続語」を使いましょう。

1 順接

役割：前に述べた事柄が、後に述べる事柄の原因や理由になる関係でつなぐ
接続語例：そして、それで、だから、すると、したがって、ゆえに、よって、そこで…等

2 逆接

役割：前に述べた事柄と、後に述べる事柄とが反対（逆）の関係でつなぐ
接続語例：しかし、でも、ところが、それでも、だけど、けれども、けど、ですが、だが…等

3 並列（並立）

役割：2つ以上のことを並列に並べる
接続語例：また、そして、それから、ならびに、および…等

4 添加

役割：前の事柄に新しい事柄を追加する
接続語例：そして、また、それから、そのうえ、それに、しかも、さらに、なお、かつ、加えて…等

5 選択

役割：前の事柄と後の事柄のどちらかを選ぶ
接続語例：それとも、あるいは、または、もしくは、ないしは…等

6 説明

役割：前の事柄の理由を補って、説明する・分かりやすく言い換える
接続語例：なぜなら、つまり、すなわち、要するに、たとえば、言わば…等

7 転換

役割：話題を変える
接続語例：また、さて、ところで、では、ときに、そもそも、それでは…等

下記はエントリーシートで良く使われる接続語です。

しかし	そこで	さらに	その結果
このままでは	実際	しかも	それでも
ただ	そして	まず一次に	（※【まず一次に】はセットで使う）

「1つの設問では同じ接続語を使わない」これがポイントです（文字制限が800字以上などの長く書く必要がある文に関しては同一接続語の複数回使用も可能です）。

　これを実現するために重要な接続語が「そして」になります。「そして」は幅広い意味を持つ使い勝手の良い接続語だからです。そのため、この「そして」は出来る限り温存して文章を書き進めていきましょう。
　文章を書いていく中でどうしても接続語が重複してしまう箇所において、「そして」で文章を接続できないかを確認して使いましょう。

Point!

1つの設問では同じ接続語を使わない。
重要接続語「そして」は出来る限り温存して文章を書き進めていきましょう。

つたわるエントリーシート・履歴書を書く48のポイント

26 話し言葉表現

　文章では使わない方がよい話し言葉表現をご紹介しておきます。話し言葉で使っているから大丈夫と考えるのではなく、エントリーシートでは正式な表現を使うようにしましょう。

Example

BAD テストでは**いい**点数を挙げることができました。

▼

GOOD テストでは**よい**成果を挙げることができました。

　話し言葉では「良い」「よい」を「いい」と言いますが、エントリーシートでは使わない方が無難です。正しい表現を覚えましょう。

BAD ホームステイをした10日間は、私にとって**すごい**楽しい時間でした。

▼

GOOD ホームステイをした10日間は、私にとって**すごく**楽しい時間でした。

26. 話し言葉表現

「楽しい」という形容詞を修飾する場合、終止形・連体形の「すごい」ではなく連用形の「すごく」が正解です。よく間違う例なので覚えておきましょう。

BAD インターンシップに参加して、**濃い**一日を過ごすことができました。

▼

GOOD インターンシップに参加して、**充実した**一日を過ごすことができました。

「濃い一日」ではなく、「充実した一日」が正しい使い方です。

Hint! その他、よく使ってしまう話し言葉表現例

・いい → 良い
・すごい → すごく
・ちゃんと → きちんと（しっかりと）
・一発で（成功させる） → 一度で（成功させる）

Point!

エントリーシートは提出先企業のどういう方が読むのか分かりません。
誰が読んでも不快な思いをしないように正しい表現を用いましょう。

27 ら抜き言葉

話し言葉表現の影響を受ける伝え方で、もっとも多い間違いが、いわゆる「ら抜き言葉」です。「ら抜き言葉」を使うと稚拙な印象を与えてしまうので注意しましょう。

Example

> **BAD** この橋の上からであれば、スカイツリーが**見れます**。

▼

> **GOOD** この橋の上からであれば、スカイツリーが**見られます**。

「見れます」ではなく、「見られます」です。
　話し言葉では「ら抜き言葉」を使うことはありますが、文章ではふさわしくありません。特にエントリーシートは、フォーマルな書類なので正しい日本語を使うようにしましょう。

> **BAD** 私は、好き嫌いなく何でも**食べれます**。

▼

27. ら抜き言葉

> **GOOD** 私は、好き嫌いなく何でも**食べられます**。

「食べれます」ではなく「食べられます」です。

Hint! ら抜き言葉のチェック方法

「ら抜き言葉」が疑われる言葉を<u>勧誘する形</u>に変えます。

「語れる」語る ⇒ 語ろう
「起きれる」起きる ⇒ 起きよう

「語ろう」のように**「ろう」**になる場合は、「ら」が不要の言葉 ⇒（語れる）
「起きよう」のように**「よう」**になる場合は、「ら」が必要 ⇒（起きられる）

　また、どちらも当てはまらに場合は、そもそもら抜き言葉で迷う言葉ではありまえん。

　書く ⇒ 書こう

　この場合は、「書けれる」は明らかにおかしいため、迷うことはありません。「書ける」が正解です。

Point!

面接でも「ら抜き言葉」に注意して正しい日本語を使いましょう。

28 必要な場合の助詞「て」「に」「を」「は」は省略しない

話し言葉では省略しがちなのが、助詞の「て」「に」「を」「は」です。
　文章では、「て」「に」「を」「は」を無理に省略すると正しい文章にならないので注意しましょう。

Example

BAD 私は、彼に出会うたびアドバイスを送った。

▼

GOOD 私は、彼に出会うたび**に**アドバイスを送った。

「会うたび」ではなく、「会うたびに」が正しい書き方になります。
　話し言葉では使ってしまいがちな表現でも文章で書くときはふさわしくない場合があります。エントリーシートの特性も考え、正しく文章を書くようにしてください。

BAD 私は学生のうちしかできないことに全力を尽くしたいです。

▼

GOOD 私は学生のうち**に**しかできないことに全力を尽くしたいです。

28. 必要な場合の助詞「て」「に」「を」「は」は省略しない

「学生のうちしか」ではなく「学生のうちにしか」が正しいです。同様に、「今のうちしか」ではなく「今のうちにしか」なので注意して使いましょう。

BAD デパートで買い物していたら、貴社製品の存在に気づきました。

▼

GOOD デパートで買い物<u>を</u>していたら、貴社製品の存在に気づきました。

「買い物していたら」ではなく「買い物をしていたら」が正しいです。
　エントリーシートにふさわしい文章を書くようにしましょう。

「て」「に」「を」「は」は、日本語特有のものであり、日本語の基本でもあります。
　省略もさることながら使い方を間違えると、文章全体としての意味もおかしくなります。
　この機会に「て」「に」「を」「は」を正しく理解しておきましょう。

Point!

書き上げた文章は何度も読み返し、「て」「に」「お」「は」が正しく使われているかを確認する習慣をつけましょう。

29 できれば使いたくない表現

間違いではないものの、できれば使ってほしくない表現があります。

これらは、抽象的であったり、品格を欠いていたりして、これから社会人になる立場のあなたにはできれば使ってほしくない表現です。

話し言葉ではよく使う表現もありますが、文章では使わないように心がけてください。

Example

BAD 私**的に**はうれしくて、両親にすぐに電話をした。

▼

GOOD 私はうれしくて、両親にすぐに電話をした。

「〜的」という表現を使う学生が多いようです。エントリーシートを含め、ビジネス文章ではふさわしい表現ではありません。

BAD 貴社の面接に合格できて**非常に**うれしいです。

▼

29. できれば使いたくない表現

> **GOOD** 貴社の面接に合格できてうれしいです。

「非常に」は強調する際に使う言葉ですが、使わなくても意味が通じるので省略した方がよいでしょう。
　特にエントリーシートでは文字制限もあるので、不要な言葉を削除するようにしましょう。

> **BAD** 生活保護制度について議論を**行いました**。

▼

> **GOOD** 生活保護制度について議論しました。

「議論を行いました」と書かなくても「議論しました」で問題ありません。
　このように不要に、「〜行いました」と使うことは避けましょう。

Point!

ちょっとした文章の書き方で読み手に与える印象は変わってきます。読み手にマイナスの印象を与えないためにも、文章表現に気をつけましょう。

30 同じ表現や単語の多用はやめる

　エントリーシートの文章では、文章が単調にしないことが重要です。単調になると読み手はその単調な部分が頭に残ってしまい、違和感を覚えます（伝えたいキーワードは繰り返して読み手の頭に残す必要があるので注意）。
　単語、語尾、接続語等、表現として単調にならないように心がけてください。

Example

> **BAD** 私が日課に**していること**は、毎朝早く起きて新聞を**読むこと**です。

▼

> **GOOD** 私の日課は、毎朝早く起きて新聞を**読むこと**です。

　「〜こと、〜こと」のように、「こと」が1文中に繰り返されています。
　ここでは、「こと」をキーワードとして読み手の頭に残したいわけでもないので、GOOD文例のように1文中で「こと」は1つにまとめましょう。

> **BAD** 面接に臨む際は**集中力**が大切で、**集中**して面接官の質問に答え、面接が終了するまで**集中力**を切らさない必要があります。

▼

30. 同じ表現や単語の多用はやめる

> **GOOD**
> 面接に臨む際は、面接が終了するまで**集中力**を切らさず、面接官の質問に答えていく必要があります。

　BAD文例のように「集中（力）」が複数繰り返すと、しつこい感じが出てしまいます。1文の中で同じ表現はできるだけ入れないように工夫しましょう。

> **BAD**
> 今後のキャリア**というもの**を考えるに際して、自己分析**というもの**が重要な役割を果たします。

▼

> **GOOD**
> 今後のキャリアを考えるに際して、自己分析が重要な役割を果たします。

　「というもの」も不要な言葉なので繰り返し使いたくない表現です。
　このように同一表現を複数回使い、単調な書き方をすると、稚拙さやしつこさが伝わってしまいます。
　エントリーシートでは、「この学生は優秀だな」と思わせたいので、同じ表現や単語の多用を控えましょう。

Point!
同じ表現を多用すると、全体として稚拙な印象を与えてしまいます。読み手の印象をよくするためにも、同じ表現や単語の多用は避けましょう。

31 同じ接続語の多用

　エントリーシートでよく出題される「400字以内」の文字制限のある設問では、1つの設問内で同じ接続語は使わないようにしましょう。

　例えば、「だから」という接続語を2回使っていた場合は、「だから〜。そのため〜」のように一方を同じ役割をする別の接続語に置き換えましょう。

Example

BAD
> 私は、食を通じて多くの人の健康を支えていきたいと考えていました。**だから、**大学では社会に出て食に関わる仕事をするために栄養学を勉強しています。
> なぜなら栄養について学ぶことが食を知る第一歩だと考えているからです。
> **だから、**私は栄養学の知識を武器に貴社で世の中に安全な食を提供していきたいです。

▼

GOOD
> 私は、食を通じて多くの人の健康を支えていきたいと考えていました。**そのため、**大学では社会に出て食にも関わる仕事をするために栄養学を勉強しています。
> なぜなら栄養について学ぶことが食を知る第一歩だと考えているからです。
> **だから、**私は栄養学の知識を武器に貴社で世の中に安全な食を提供していきたいです。

　このように接続語「だから」が繰り返された場合は、どちらか一方を、「だから」

31. 同じ接続語の多用

と同様の意味を持つ「そのため」や「それゆえに」などに置き換えます。
　同じ接続語を繰り返さないように文章を書きましょう。

> **BAD**
> 　私は、学生時代からラグビーサークルに入り、ラグビーを始めました。
> **しかし**、初めのうちは練習にすらついていけず悔しい毎日を送りました。
> 　時には辞めたいと思うこともありました。
> **しかし**、私は持ち前の根性で自主練習に励みました。

▼

> **GOOD**
> 　私は、学生時代からラグビーサークルに入り、ラグビーを始めました。
> **しかし**、初めのうちは練習にすらついていけず悔しい毎日を送りました。
> 　時には辞めたいと思うこともありました。
> **でも**、私は持ち前の根性で自主練習に励みました。

　BAD文例では「しかし（逆接）」が2回繰り返されているので、「しかし」「でも」と使って、「しかし」が繰り返されるのを避けます。エントリーシートでは、同一設問で逆接を2回以上使用しない方が無難です。
　理由は、❶ 逆接で話の展開が変わり読み手が分かりにくい
　　　　　❷ 逆接の後は強調される箇所なので、重要な箇所で使いたい
　の2点です。

Point!

同じ接続語を多用すると、全体として稚拙な印象を与えてしまいます。どうしても同じ接続語を使いたい場合は、同じ働きの他の接続語に置き換えましょう。

32 「思います」の多用

エントリーシートの設問に答える際に良く使われる表現が「〜と思います」です。この表現も多用は避けたいです。そのため、多用を避けるテクニックも合わせてお伝えします。

Example

BAD
貴社のお客様を第一に考える姿勢が出ているのだと<u>思いました</u>。
それは貴社の魅力でもあると<u>思っています</u>。
だから私は、貴社の一員としてお客様を第一に考えてサービスを提供していきたいです。
そして、貴社に誰よりも貢献したいと<u>思っています</u>。

▼

GOOD
貴社のお客様を第一に考える姿勢が出ているのだと<u>**思いました**</u>。
それは貴社の魅力でもあると<u>**感じています**</u>。
だから私は、貴社の一員としてお客様を第一に考えてサービスを提供していきたいです。
そして、貴社に誰よりも貢献したいと<u>**考えています**</u>。

「〜と思います」が繰り返されている文章では、「〜と思います」「〜と考えます」「〜と感じます」と3つのバリエーションを使用します。

「〜と思います」「〜と考えます」「〜と感じます」はそれぞれ意味合いはほとんど同じなため、同一表現の繰り返しを防ぐために活用できます。

ちなみに内定塾では、「〜と思います」「〜と考えます」「〜と感じます」を「思います」の三段活用と呼んでいます。

32.「思います」の多用

BAD
私は、誰よりも責任感が強いと<u>思っています</u>。
小さい時から、約束を破ったことはありませんし、何かを途中で投げ出すこともありませんでした。
責任感の強さは貴社の仕事では必要不可欠な要素だと<u>思います</u>。
だから私は、持ち前の責任感を発揮して貴社に貢献したいと<u>思っています</u>。

▼

GOOD
私は、誰よりも責任感が<u>強いです</u>。
小さい時から、約束を破ったことはありませんし、何かを途中で投げ出すこともありませんでした。
責任感の強さは貴社の仕事では必要不可欠な要素だと<u>思います</u>。
だから私は、持ち前の責任感を発揮して貴社に貢<u>献したいです</u>。

「〜と思います」には、表現を弱めてしまう特長があります。BAD 文例のように「私は、誰よりも責任感が強いと思っています」と書くよりは、「私は、誰よりも責任感が強いです」と語尾を言い切った方が自信や力強さが伝わるはずです。自分を売り込む箇所では、「思います」を使わず言い切った方が読み手の印象にも残ります。

さらに、最終文では「〜と思います」は使わない方が無難です。最終文を曖昧にするのではなく、最終文こそ強い気持ちを伝えて文章を終わるようにしてください。
　〈例〉（×）私は、営業で 1 番を目指したいと思います。
　　　　（○）私は、営業で 1 番を目指します。

Point!

「〜と思います」「〜と考えます」「〜と感じます」の 3 つのバリエーションで繰り返しを避ける。

33 同じ文末表現の多用

　文章を書いてみたら、気がつけば同じ文末表現が多用されているというのはよくあることです。ただ、同じ文末表現を多用してしまう問題は、文章を読み返して修正することで解消されます。書いた文章を読み返す習慣をつけ、文末も単調にしないように工夫しましょう。

Example

BAD
サッカーサークルでは主将を務め**ました。**
そして、大会ではレギュラーとしてチームを引っ張り**ました。**
その結果、チームは全国大会で3位の成績を収め**ました。**

▼

GOOD
サッカーサークルでは主将を務め**ました。**
そして、大会ではレギュラーとしてチームを引っ張り**ました。**
その結果、チームは全国大会で3位の成績を収め**ることができたのです。**

　BAD文例では文末が「〜ました」で単調になっています。同じ文末表現は3つ以上続けないことを目安にして、文末表現を変えていきましょう。

BAD
私は大学の前で1日中、イベント告知のチラシを配り**ました。**
これにより、150名の集客を達成し**ました。**
そして、イベントは大成功を収め**ました。**

33. 同じ文末表現の多用

▼

> 🔵GOOD 私は大学の前で1日中、イベント告知のチラシを配り**ました**。
> これにより、150名の集客を**達成**。
> イベントは大成功を収めたの**です**。

BAD文例では3文続けて文末が「〜ました」になっています。そこで、2文目は「150名の集客を達成」と体言止め、3文目は「大成功を収めたのです」と現在形を文末に使い、単調になるのを解消しました。

Hint! 語尾を変える代表的なテクニック

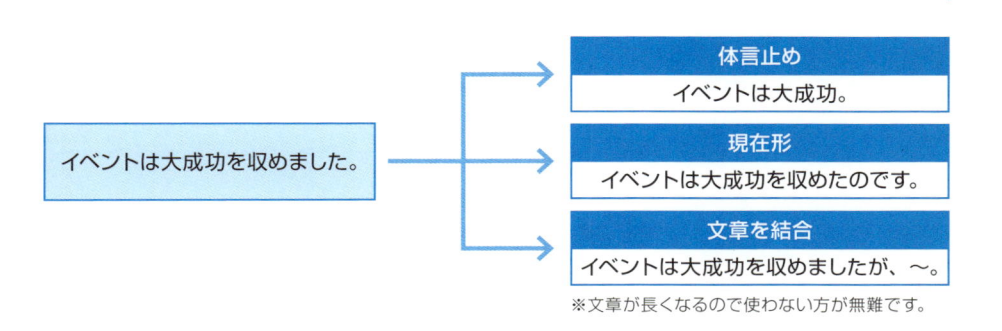

イベントは大成功を収めました。	→	**体言止め** イベントは大成功。
	→	**現在形** イベントは大成功を収めたのです。
	→	**文章を結合** イベントは大成功を収めましたが、〜。

※文章が長くなるので使わない方が無難です。

語尾を変える代表的なテクニックとしては、❶「体言止めの活用」、❷「現在形の活用」、❸「文章を結合」の3つがあります。ただ、❸「文章を結合」は、1文の文字数が増えるため、エントリーシートの文章では使わない方が無難です。

Point!

語尾が単調になっている場合
1.「体言止め」の活用　2.「現在形」の活用
によって、文末が単調になるのを解消します。

34 「の」の多用

「〜の〜の〜の」のように、1文中での「の」の多用は、文章を間延びさせ読み手に稚拙な印象を与えます。「の」を続ける場合は2つまでと覚えておきましょう。

Example

BAD 就職活動<u>の</u>エントリーシート<u>の</u>作成<u>の</u>ポイントを教えてください。

▼

GOOD 就職活動<u>の</u>エントリーシート作成ポイントを教えてください。

どうしても「の」が多くなりそうな文章では、**名詞化してみるのがポイント**です。
上記の場合、「エントリーシートの作成のポイント → エントリーシート作成ポイント」のように1つの塊として名詞化することで「の」を減らすことができます。

BAD 会社の受付<u>の</u>植物の管理が主な仕事内容です。

▼

GOOD 会社の受付**にある**植物の管理が主な仕事内容です。

34.「の」の多用

「〜の〜の〜の」と3回続くため、そのうちの1つの「の」を「〜にある」と置き換えました。

> **BAD** 企業のインターンシップの説明会<u>の</u>情報をメールで配信します。

▼

> **GOOD** 企業のインターンシップの説明会<u>に関する</u>情報をメールで配信します。

「〜の〜の〜の」と3回続くため、そのうちの1つの「の」を「〜関する」と置き換えました。

【「の」の置き換え例】　よく使う置き換え例をご紹介します。

　にある：あの部屋の椅子の上の資料
　　　　　⇒ あの部屋の椅子の上にある資料
　における：今年の就職活動の方針の決定
　　　　　⇒ 今年の就職活動における方針の決定
　に関する：昨年度の研修のプログラムの内容
　　　　　⇒ 昨年度の研修に関するプログラムの内容
　名詞化：企画書の資料の作成のマニュアル
　　　　　⇒ 企画書の資料作成マニュアル

Point!

「〜の〜の〜の」と3つ「の」が続く場合は、「にある」「における」「に関する」「名詞化」など、工夫して2つまでに減らすようにしましょう。

35 重複表現（重言）

「まず最初に」のように同じ意味の言葉を繰り返す表現を、重複表現（重言）と言います。必ずしも間違いというわけではないものの、エントリーシートには書かない方が無難です。

Example

> BAD: **まず最初に**私が事業内容について説明します。

▼

> GOOD: **まず**私が事業内容について説明します。

「まず」と「最初」は同じような意味なので、「まず最初の」と続けて書くことは適切ではありません。このような重複表現は無意識のうちに使ってしまうことが多いので、この機会に覚えておきましょう。

35. 重複表現（重言）

BAD
- まず最初に／一番最初（最後）に
- 最後の切り札
- 過半数を超える
- 相手の立場に立つ
- まだ未解決の事件
- 今の現状
- すべて一任する
- かねてからの懸案
- 射程距離
- お召し上がりになる
- 必ず必要
- はっきり断言
- 前もって用意／準備
- 犯罪を犯す
- 内定が決まる
- 日本に来日する
- アメリカに渡米する
- 被害を被る
- 従来から言われている
- 返事を返す
- 思いがけないハプニング
- 製薬メーカー

→

GOOD
- 最初（最後）に
- 最後／切り札
- 半数を超える／過半数に達する
- 相手の立場になる
- 未解決の事件
- 現状
- 一任する／すべて任せる
- 懸案
- 射程
- 召し上がる／お食べになる
- 必要
- 断言
- 前もって準備
- 罪を犯す
- 内定する
- 来日する
- 渡米する
- 被害を受ける
- 従来言われている
- 返事をする
- 思いがけないこと／ハプニング
- 製薬会社／薬品メーカー

Point!

エントリーシートや面接では使わないように注意しましょう。

36 「ひらがな」と「カタカナ」

日本語はひらがなで書くか、カタカナで書くかでも読み手に与える印象は違ってきます。読み手にどういった印象を与えたいのかまで考えて文章を書くようにしましょう。

Example

> **BAD** 私にとって初めての面接だったので**どきどき**しました。

▼

> **GOOD** 私にとって初めての面接だったので**ドキドキ**しました。

「どきどき」を表現するときに「ドキドキ」とカタカナを使った方が、読み手にドキドキ感が伝わるはずです。同じ内容を伝えるにしてもカタカナ、ひらがな、漢字で読み手に与える印象は変わります。書きあげた文章を読み返して、適切な表記をしましょう。

> **BAD** 貴社のてんぷら油で揚げたエビフライは**さくさく**でおいしいです。

▼

> **GOOD** 貴社のてんぷら油で揚げたエビフライは**サクサク**でおいしいです。

36.「ひらがな」と「カタカナ」

「さくさく」より「サクサク」の方が、おいしそうに伝わるはずです。
　BAD文例とGOOD文例を比較すると、印象の違いも分かっていただけると思います。

> **BAD** 私は、人と人との<u>絆</u>を大切にしたい。

▼

> **GOOD** 私は、人と人との**キズナ**を大切にしたい。

「絆」をあえて「キズナ」とカタカナ表記することで読み手の印象に残しています。
　このようにあえてカタカナ表記することで、読み手の視線を誘導して、印象に残します。

【 ひらがな、カタカナ、漢字表記の印象例 】
ひらがな ＝ 優しい、温かい、柔らかい、分かりやすい、幼い、丸い、女性的
カタカナ ＝ 冷たい、恰好良い、固い、スタイリッシュ、斬新
漢字 ＝ 難しい、優秀、理性的、男性的

※ここでの印象は主観的なものなのであくまでも参考程度にお考えください。

Point!
表記の仕方でも読み手に与える印象は変わってきます。
読み手にどういった印象を与えたいかを考えてワンランク上の文章を目指しましょう。

37 1文字1文字を大切にする「も」

　文章では、1文字や2文字の違いで伝わり方が変わってきます。対面で伝える場合と違い、文章では伝え方によって読み手の誤解を生むことがあります。そのため、1文字1文字を大切にして文章を書いていくようにしましょう。ここでは「も」について書きます。

Example

> **BAD** 今日<u>は</u>お疲れ様でした。

▼

> **GOOD** 今日<u>も</u>お疲れ様でした。

　BAD文例とGOOD文例の違いは、「今日は」なのか「今日も」なのかです。たった1文字の違いですが、文章全体の意味合いは大きく変わってきます。「今日はお疲れ様でした」では、「今まではそれほど大変ではなかったけど、今日はお疲れ様でした」というニュアンスが含まれています。一方、「今日もお疲れ様でした」は、「今までもお疲れ様でした。今日もお疲れ様でした」となります。つまり、「今日は」は「今日」を強調し、「今日も」は「今までも」の意味を含んでいます。

> **BAD** 私は、100人<u>の</u>学生の勧誘に成功しました。

▼

37. 1文字1文字を大切にする「も」

> **GOOD** 私は、100人**も**の学生の勧誘に成功しました。

　エントリーシートでの頻出質問「学生時代に力を入れたこと」や「自己PR」では、自分の行動に対する成果はアピールしたいところです。その成果を大きくアピールするときに効果を発揮するのが「も」です。「も」を活用して、成果を大きく伝えましょう。

> **BAD** 部員を200人に**も**するために**も**私は勧誘活動を続けたのです。
> その結果、210人**も**の部員が入部してくれることとなったのです。
> さらに、その中には海外からの留学生**も**10名**も**含まれていました。

▼

> **GOOD** 部員を200人にするために私は勧誘活動を続けたのです。
> その結果、210人**も**の部員が入部してくれることとなったのです。
> さらに、その中には海外からの留学生10名**も**含まれていました。

　BAD文例では「も」が多用されています。書き手が強調したい箇所に「も」を使った結果ではあるものの、少し多すぎる印象です。強調したい箇所を絞って、ココはどうしても強調したいという箇所で「も」を使うようにしましょう。

Point!

> 1文字で文章の意味は変わってきます。1文字1文字を大切に、慎重に文章を書いていくようにしましょう。

38 1文字1文字を大切にする「が」と「は」

「私が」と「私は」。「が」と「は」は何気なく使っている方が実に多いように感じます。ここでも、たかが1文字されど1文字で、伝わり方が変わってきます。

Example

BAD
所属するテニスサークルでは私が、メディカルトレーナーとしてチームに貢献しました。

▼

GOOD
所属するテニスサークルで私は、メディカルトレーナーとしてチームに貢献しました。

「私が、メディカルトレーナーとしてチームに貢献しました」の文章では、「誰が」の部分（私が）に重点を置いた文章となり、「私が」の部分を強調する意図があります（他の人ではなく、私が〜します）。

「私は、メディカルトレーナーとしてチームに貢献しました」の場合は、「は」以降の行動に重点を置いた文章となり、メディカルトレーナーとしてチームに貢献したことを強調する意図があります。

このように、「が」と「は」の使い分けで読み手に伝わる印象は変わります。何を強調したいのかを考えて、「が」と「は」の使い分けができるようになってください。

38. 1文字1文字を大切にする「が」と「は」

BAD 私が、貴社の一員として貴社に貢献していきます。

▼

GOOD 私は、貴社の一員として貴社に貢献していきます。

「貴社の一員として貴社に貢献していきます」は、「志望動機」やその他アピールするべき質問の最終文でよく使われる文章です。この文章では、一番伝えたいところは「貴社に貢献する」という決意です。だから、ここでは、「貴社に貢献する」に重きを置いた「私は、貴社の一員として貴社に貢献していきます。」が適切です。

「私が、証明です。」学生の皆さんは記憶にないと思いますが、ある化粧品CMのセリフです。美白化粧品メーカーの女性社長が最後に登場して、「私が証明です。」と言い放ちます。
「自社の化粧品を使ってこうなった」とアピールしているのです。この場合は、「私」を強調しているので、「私が証明です。」が適切な表現です。
　もし、ここで「私は」で始めるのであれば、「私はもち肌です。」や「私は美白です。」のように「私は○○」の○○にアピールポイントが入る必要があります。
　○○にアピールポイントが入ることで、そのアピールポイントを強調する文章になるのです。

Point!

エントリーシートでは多くの設問で文字制限があります。
だからこそ1文字1文字を大切にして、読み手にあなたの想いを伝えてください。

39 1文字1文字を大切にする「まで」「さえ」「すら」

「まで」「さえ」「すら」は強調する際に使う表現です。エントリーシートの設問では、このような表現を使って、少しでも大きく伝えることで読み手にアピールしましょう。

Example

BAD いつも厳しく指導されていた先輩から褒められるようになりました。

▼

GOOD いつも厳しく指導されていた先輩から褒められる**まで**になりました。

GOOD文例では「まで」を使うことによって、「褒められる」が「たやすくないこと」だと読み手に伝え、成果を強調しています。

BAD 今日の新聞を読んでいれば、答えられた質問だった。

▼

GOOD 今日の新聞**さえ**読んでいれば、答えられた質問だった。

GOOD文例では、「さえ」を使うことで「（最低限の）新聞さえ」と新聞を強調しています。満たすべき最低限の条件という意味合いを込めています。

> **BAD** 友人が内定を獲得する中、私は自己分析をはじめていない。

> **GOOD** 友人が内定を獲得する中、私は自己分析**すら**はじめていない。

GOOD文例では、「すら」を使うことで「（最低限の）自己分析すら」と強調しています。

「まで」「さえ」「すら」のように強調する表現は、エントリーシートでは下記の2箇所でよく使います。

【Problem〈問題（マイナスの現状）〉】
　⇒（例）足を捻挫して、立っていることすらできない状況でした。

【Result〈成果〉】
　⇒（例）上級生でさえ、私の記録には及びませんでした。

※ P42〜エントリーシートの文章構成参照

つまり、マイナスの状況をよりマイナスに、プラスの状況をよりプラスに表現する際に「まで」「さえ」「すら」を使うと効果的です。

Point!

「まで」「さえ」「すら」は、たった2文字で強調できる表現です。
特に文字数に余裕のない設問で有効に活用してください。

40 間違いやすい漢字

　エントリーシートでは、誤字・脱字といった初歩的なミスは許されません。ただ、漢字の間違いだけは本人が知らなければ気づかない部分ですのでこの機会にぜひ覚えておいてください。

新たな接客方法を確率しました。（×）
新たな接客方法を**確立**しました。（○）

食品を専問に扱う貴社が第一志望です。（×）
食品を**専門**に扱う貴社が第一志望です。（○）

毎日授業で習った内容の複習をしました。（×）
毎日授業で習った内容の**復習**をしました。（○）

OB訪問でお世話になった方に昨日、遇然出会った（×）
OB訪問でお世話になった方に昨日、**偶然**出会った（○）

責任転化をしないようにする（×）
責任**転嫁**をしないようにする（○）

決済権のある課長と打ち合わせをする（×）
決裁権のある課長と打ち合わせをする（○）

会議では彼は自論を展開した。（×）
会議では彼は**持論**を展開した。（○）

貴方はマネージャーとして的確です。（×）
貴方はマネージャーとして**適格**です。（○）

最少限の努力で最大限の結果を導き出す（×）
最小限の努力で最大限の結果を導き出す（○）

40. 間違いやすい漢字

写真を縮少してエントリーシートに貼り付けてください（×）
写真を**縮小**してエントリーシートに貼り付けてください（○）

絶対絶命のピンチにも負けずに努力しました。（×）
絶体絶命のピンチにも負けずに努力しました。（○）

貴社に入社して活躍することが最大の親孝幸だと考えています。（×）
貴社に入社して活躍することが最大の**親孝行**だと考えています。（○）

貴社は多くの優秀な人材を配出している企業でもあります。（×）
貴社は多くの優秀な人材を**輩出**している企業でもあります。（○）

株式の買売がより積極的になることで社会を活性化させたい（×）
株式の**売買**がより積極的になることで社会を活性化させたい（○）

貴社の社員の方とは波調が合いました。（×）
貴社の社員の方とは**波長**が合いました。（○）

優秀な人材を発堀することが目的です。（×）
優秀な人材を**発掘**することが目的です。（○）

今日はお客様の応待で忙しい。（×）
今日はお客様の**応対**で忙しい。（○）

私たちの取り組みを仲間が防害しました。（×）
私たちの取り組みを仲間が**妨害**しました。（○）

Point!

パソコンを使って下書きを行う場合は、自動変換によってこれらのミスは最小限に抑えられます。手書きのエントリーシートでも下書きではパソコンを活躍する等して、誤字を減らしましょう。

41 正しく使いたい表現

◉ 役不足・役者不足

役不足───与えられた役目が軽すぎる（自分には物足りない）
役者不足───与えられた役目が重すぎる（自分の力量が足りない）

BAD 私には役不足ですが、全力で頑張ります。

▼

GOOD 私では役者不足ですが、全力で頑張ります。

引き受ける自分が謙遜して「役不足」と言うのは間違っています。

◉ 青田刈り・青田買い

青田刈り───まだ実らない稲を、刈り取ってしまうこと
青田買い───まだ実らない稲を、実ることを前提に買うこと

就職活動で、早期に内定を出す場合は、「青田買い」と言います。
（「青田刈り」だとこの後の成長も見込めない意味合いを含むので誤用）

◉ 気が置ける・気が置けない

気が置ける───気を遣ってしまう
気が置けない───気を遣う必要がない

41. 正しく使いたい表現

BAD 気が置ける仲間との旅行は楽しい。

▼

GOOD 気が置けない仲間との旅行は楽しい。

気が置けない仲間＝気を遣う必要がない仲間（親しい間柄）になります。

◉ お疲れ様です・ご苦労様です

お疲れ様です──労をねぎらう意味（目下から目上に対して）
ご苦労様です──労をねぎらう意味（目上から目下に対して）

BAD 部長（上司に対して）、今日はご苦労様でした。

▼

GOOD 部長（上司に対して）、今日はお疲れ様でした。

Point!

これらはよく使い方を間違える表現です。
使い方によっては相手に不快感を与えることもあるので、正しく使えるようにしましょう

つたわるエントリーシート・履歴書を書く48のポイント

42 意味を間違いやすい表現

◉ 煮詰まる

| 誤った意味 | 行き詰ってどうしようもない状態 |
| 正しい意味 | 考えが出尽くして、結論が出る段階に近づく |

BAD 煮詰まってきたから、気分転換しよう。

◉ 敷居が高い

| 誤った意味 | 水準が高くて利用しづらいこと |
| 正しい意味 | 不義理などがあってその人の家に行きづらいこと |

BAD あの高級レストランは、敷居が高くて入りにくい。

敷居＝ハードルのように考えがちですが、間違いなので注意しましょう。

◉ 檄（げき）を飛ばす

| 誤った意味 | 叱咤激励すること |
| 正しい意味 | 考えや主張を広く人々に知らせて同意を求める |

42. 意味を間違いやすい表現

> **BAD** 監督が選手に檄を飛ばした。

檄（げき）の漢字にも注意してください。「激」ではありません。

◉ 姑息

| 誤った意味 | 卑怯な、ずるい |
| 正しい意味 | 一時しのぎをする様子 |

> **BAD** こそこそと姑息な真似をするな。

「姑息」は卑怯、ずるいという意味で誤用されることが多いので注意。

Point!

このように違った意味で使われている表現はたくさんあります。正しく意味を理解して、正しく使えるようにしましょう。

つたわるエントリーシート・履歴書を書く48のポイント

43 クッション言葉

「恐れ入りますが」のように、直接では言いにくいことをソフトに伝えるための「クッション」となる表現をクッション言葉と言います。

◉ お願いするとき

「お手数をおかけしますが」
「恐縮ですが」
「恐れ入りますが」
「勝手申し上げますが」
「もしよろしければ」

> **GOOD** お手数をおかけしますが会社案内を送付いただけませんでしょうか。
> もしよろしければご郵送いただけますか。

◉ 断るとき

「申し訳ございませんが」
「残念ながら」
「身に余るお言葉ですが」
「せっかくですが」
「あいにくですが」

> **GOOD** 申し訳ございませんが、内定を辞退させていただきます。
> せっかくですが、ご辞退申し上げます。

43. クッション言葉

◉ 尋ねるとき

「失礼ですが」
「差し支えなければ」
「恐れ入りますが」
「ご都合がよろしければ」

> **GOOD**　失礼ですが、お名前を伺ってよろしいですか。
> 　　　　　差支えなければ、理由をお聞かせ願えますか？

◉ 急なお願いをするとき

「急にご無理を申しまして」
「突然のお願いで恐れ入りますが」

◉ あまり親しくない相手にお願いする場合

「まことに厚かましいお願いでございますが」
「ぶしつけながら」

Point!

クッション言葉は、相手を思いやったワンランク上のビジネスマナーです。クッション言葉を活用して、相手に好印象を与えましょう。

44 二重敬語表現に注意

丁寧に表現しようとしてよく間違うのが二重敬語表現です。
敬語を二重に使う表現は間違いなので注意しましょう。

Example

BAD 社長がお越しになられました。

▼

GOOD 社長がお越しになりました。

BAD文例の、「お越しになる」+「〜られる」と「尊敬語+尊敬語」の二重敬語になっています。
よく間違うのは、尊敬語+尊敬の助動詞「れる・られる」の二重敬語表現なので注意しましょう。

BAD 社長の写真を拝見いたしました。

▼

GOOD 社長の写真を拝見しました。

44. 二重敬語表現に注意

　BAD 文例は「拝見する」+「いたします」と「謙譲語+謙譲語」の二重敬語になっています。※「拝」には敬語表現（謙譲）が含まれています。

> **BAD**
> 拝聴いたします。
> 拝読いたします。
> 拝借いたします。

▼

> **GOOD**
> 拝聴する。
> 拝読する。
> 拝借する。

ただし、慣例として定着している二重敬語もあります。

慣例として定着している二重敬語の例

◉ お召し上がりになる
　⇒「召し上がる」+「お〜になる」の「尊敬語+尊敬語」の二重敬語です。
◉ お伺いする
　⇒「伺う」+「お〜する」の「謙譲語+謙譲語」の二重敬語です。

これらの二重敬語は、使用してもよいとされています。

Point!

二重敬語は気づかず使いがちです。
社会人になる前に正しい敬語が使えるように覚えておきましょう。

45 よく使う尊敬語

尊敬語は、動作を行なう人物を高め、その人に対する敬意を表すものです。

◉ 尊敬語の基本

[動詞]

❶「お（ご）」〜「なさる（なる、くださる）」の形
　〈例〉私の履歴書をご覧ください。
　　　　名刺はお持ちになりましたか。

❷「〜れる」「〜られる」「〜なさる」の形
　〈例〉新幹線に乗られる。
　　　　手帳のスケジュールを見られる。

❸ 言い換え形
　〈例〉明日、来るそうです。
　　　　⇒ 明日、いらっしゃるようです。
　　　　その情報はすでに知っています。
　　　　⇒ その情報はすでにご存じです。

[形容動詞・形容詞]

　「お（ご）」をつける
　〈例〉お美しい花をいただきました。
　　　　ご多忙の中、申し訳ございません。

[名詞]

　「お」「ご」「貴」「御」「高」をつける
　〈例〉お名前を頂戴できますか？
　　　　ご実家はどちらですか？

45. よく使う尊敬語

御社と貴社の使い分け

就職活動で相手企業のことを御社や貴社と表現します。
その使い分けをまとめました。

御社（おんしゃ）── 口頭表現
　　⇒ 面接で相手企業を出すときには、御社と表現します。

貴社（きしゃ）── 文章表現
　　⇒ エントリーシートを含め、書面で記載するときは貴社と表現します。

先方が銀行の場合は
御行（おんこう）── 口頭表現
貴行（きこう）── 文章表現

先方が塾の場合は
御塾（おんじゅく）── 口頭表現
貴塾（きじゅく）── 文章表現

先方が信用金庫の場合は
御金庫、御庫（おんきんこ、おんこ）── 口頭表現
貴金庫、貴庫（ききんこ、きこ）── 文章表現
※「御庫」と「貴金庫」を使う方が一般的です。

Point!

尊敬語は敬語の中でも特に覚えておきたい表現です。
基本の形はこの機会に覚えておきましょう。

46 よく使う謙譲語

謙譲語は、動作（存在）の主体を低めて、聞き手に話し手が敬意を表すものです。

◉ 謙譲語の基本

[動詞]

❶「お（ご）」〜「いただく（する）」の形
　〈例〉店の奥にある個室へご案内する。
　　　　長い時間お待ちいただく。

❷「〜いただく（させていただく）」
　〈例〉このメモを渡していただきたいです。
　　　　私が最後まで努めさせていただきます。

❸ 言い換え形
　〈例〉当社に来ていただきたいと思います。
　　　　⇒ 当社にお越しいただきたく存じます。
　　　　このことに関してはまったく知りませんでした。
　　　　⇒ このことに関してはまったく存じませんでした。

[名詞]
　「粗」「拙」「弊」「愚」をつける
　〈例〉こちらが粗品になります。
　　　　弊社にお越しください。

46. よく使う謙譲語

よく使う尊敬語と謙譲語一覧

	尊敬語	謙譲語
行く	いらっしゃる　お越しになる	参る　うかがう　あがる　参上する
来る	いらっしゃる　おいでになる　見える	参る　うかがう　あがる　参上する
言う	おっしゃる　仰せになる	申す　申し上げる
見る	ご覧になる	拝見する
聞く	お聞きになる　お耳に入れる	うかがう　承る　拝聴する
会う	お会いになる　お会いくださる	お目にかかる　お会いする
食べる	召し上がる	いただく
する	なさる	いたす
思う	お思いになる　おぼしめす	存ずる
居る	いらっしゃる　おいでになる	おる
もらう	おもらいになる　お受けになる	いただく　頂戴する
あげる	賜る　くださる	差し上げる
問う	お尋ねになる　お問い合わせ	伺う　お伺いする
知る	ご存知になる	存じる

Point!

尊敬語と謙譲語は社会人としての基本です。
この機会に正しく理解し、使いこなせるようにしましょう。

つたわるエントリーシート・履歴書を書く48のポイント

47 社会人がよく使う省略ビジネス用語

「B to B」や「CRM」のように、省略されたビジネス用語（省略ビジネス用語と名付けます）を知っておくと、社会人になってから大いに役立ちます。

反対に知らないと会話についていけないことも多々あるので、ぜひこの機会に覚えておきたいところです。

ビジネス省略用語	意味
B to C (ビートゥーシー)	Business to Consumer の略。 企業と消費者との商取引のこと。
B to B (ビートゥービー)	Business to Business の略。 企業対企業の商取引のこと。
CRM (シーアールエム)	Customer Relationship Manegement の略。 企業が顧客と長期的かつ密接な関係を築くために、顧客データベース等を活用して、顧客にあった提案や販促ができるようにする手法のこと。
CEO (シーイーオー)	Chief Executive Officer の略。 企業の最高経営責任者のこと。一般的には社長がCEOを兼ねることが多い。
CS (シーエス)	Customer Satisfaction の略。（顧客満足） 商品やサービスに対する顧客の満足度のこと。
CSR (シーエスアール)	Corporate Social Responsibility の略。 企業の社会的責任のこと。
EC (イーシー)	Eleectronic Commerce の略。 インターネット上で行われる電子商取引のこと。
FAQ (エフエーキュー)	Frequently Asked Questions の略。 頻繁に尋ねられる質問のこと。
FTA (エフティーエー)	Free Trade Agreement の略。 二国間（地域間）において貿易の障壁を排除し、自由な取引を目指した協定。
GDP (ジーディーピー)	Gross Domestic Product の略。（国内総生産） 一定期間内に国内で生産されたものの総額。
HEV (エイチイーブイ)	Hybrid Electric Vehicle の略。 ハイブリッド電気自動車。
IPO (アイピーオー)	Initial Public Offering の略。 株式を新規に公開すること。
IR (アイアール)	Investor(s) Relations の略。 投資家向けた企業の広報活動のこと。
KPI (ケーピーアイ)	Key Performance Indicator の略。（重要業績評価指標） 組織の目標達成の度合いを定義するために定めた指標。
LBO (エルビーオー)	Leverage Buy Out の略。 買収先企業の資産等を担保として金融機関から資金を借り入れて、買収を行う企業買収方法。

47. 社会人がよく使う省略ビジネス用語

LCC（エルシーシー）	Low-Cost Carrier の略。 ローコストキャリア。格安航空会社のこと。
MBO（エムビーオー）	Management Buy Out の略。 企業の経営責任者らが、自らの株式を買い取り、経営権を取得する企業買収方法。
NGO（エヌジーオー）	Non Goverment Organization の略。（非政府組織） 環境保全や開発援助などのために、国境を越えて活動する国際的な民間団体のこと。
NDA（エヌディーエー）	Non-Disclosure Agreement の略。 一般に公開されていない情報を入手する場合に、その情報を外部に漏らさせないために交わす契約のこと。（守秘義務契約）
NPO（エヌピーオー）	Non Profit Organization の略。（非営利組織） 寄付を主な財源とし、利益配分を目的とせず、ボランティア活動を行う民間団体のこと。
OEM（オーイーエム）	Original Equipment Manufacturing の略。 他社のブランド名で販売されることを前提に、製品を製造すること。
OJT（オージェーティー）	On the Job Training の略。 職場での実際の業務を通じて職務トレーニングを受けること。 職場から離れたところで、職務上のトレーニングをすることを「Off JT」と言う。
QOL（キューオーエル）	Quality Of Life の略。 生活の質のこと。近年、QOL の向上が課題となっている。
R&D（アールアンドディー）	Research And Development の略。 企業の研究開発活動のこと。
RFP（アールエフピー）	Request For Proposal の略。 業務委託の際に、発注先候補業者に具体的な提案を依頼する提案依頼書のこと。
SCM（エスシーエム）	Supply Chain Management の略。 サプライチェーンマネジメント。製品の製造から販売までのプロセスをトータルに管理して、コスト削減や業務の効率化を図る経営管理手法のこと。
SNS（エスエヌエス）	Social Networking Site の略。 参加者同士が友人を紹介し合って、交流の輪を広げたり、日記などを公開したりして交流の輪を広げていくことを目的とした Web サイトのこと。
TOB（ティーオービー）	Take-Over Bid の略。 株式公開買付のこと。株式を買い集める場合に、買い付け期間、買い付け価格、目標株数を公開して、株主から直接、株を買い取る方式。
TPO（ティーピーオー）	Time,Place,Occasion の略。 時、場所、場合。
TPP（ティーピーピー）	Trans-Pacific Partnership の略。（環太平洋戦略的経済連携協定） 環太平洋地域の経済の自由化を目的とした多角的な経済連携協定のこと。

Point!

例えば CS のように、顧客満足（Customer Satisfaction）、衛星放送（Communications Satellite）、カスタマーサポート（Customer Support）のように複数の意味を持つものも多く存在します。

48 社会人がよく使うカタカナ言葉

社会人になると会話の中でカタカナ言葉をよく使います。

多くの場合は、英語を日常会話に取り入れているものの、学生が聞けば戸惑うかもしれません。

そのため、社会人が良く使うカタカナ言葉をご紹介しておきます。社会人のコミュニケーションに付いていけるようにこの機会に覚えておきましょう。

（特に外資系企業はよくカタカナ言葉を使います）

Example

新規プロジェクトに2名の担当者をアサインしてください。

▼

新規プロジェクトに2名の担当者を割り当てしてください。

アサイン：人材を割り当てる

当案件は田中さんマターでお願いします。

▼

当案件は田中さん担当でお願いします。

マター：人名や役職などの後につけて、それらが責任を持つべき問題であることを表す

注意すべき表現

「プロパー」
これも良く使われるカタカナ言葉ですが、様々な意味を持っています。

例文 「彼は、プロパーなの？」

意味 ❶ 彼は、生え抜きなの？
⇒ 新卒で入社してからずっと働いている社員のことをプロパーと表現します。

意味 ❷ 彼は、正社員なの？
⇒ 正社員のことをプロパーと表現することもあります。

その他にも
ファッション業界————プロパー価格＝正規価格
クレジットカード業界——プロパーカード＝他社と提携していないオリジナルカード
金融業界——————プロパー融資＝銀行が独自に行う融資（信用保証付き融資はプロパー融資とは言わない）

「プロパー」という表現は、使われる業界・場面によって意味が違うことも多いので注意しましょう。

頻出カタカナ言葉 20

カタカナ言葉	日本語訳	例　文
クライアント client	顧客	クライアントの要望に応えることが弊社の使命です。
アジェンダ agenda	予定表、議題	本日のミーティングのアジェンダを用意しました。
アウトプット output	出力、成果、（情報を）出す	学んだことを現場でアウトプットしてください。
プライオリティ priority	優先順位	プライオリティを決めて仕事に取り組んでください。
シナジー synergy	相乗作用	企業買収によって大きなシナジー効果を生み出す。

コミットメント commitment	約束、委託	社長が今期の経営目標にコミットメントしている。
スキーム scheme	枠組み、計画	どういったスキームで進めるかを考えましょう。
プロパー proper	正規、独自、適切 （生え抜き社員、正社員、正規）	プロパー社員の中から部長を選ぶ。
インセンティブ incentive	動機づけ、出来高報酬	基本給に加えて契約数に対するインセンティブがあります。
パラダイム paradigm	物の見方や捉え方	極端な円高により企業はパラダイムシフトを迫られている。
ペンディング pending	棚上げ、保留	この案件は一時的にペンディングします。
アライアンス alliance	提携、同盟	新しくアライアンスを組む企業を探しています。
ソリューション solution	解決策	顧客にとって最適なソリューションを提供する。
イノベーション innovation	技術革新	医療業界にイノベーションをもたらす画期的な技術が生み出された。
アウトソーシング outsourcing	外注、外部委託	アウトソーシングによってコストの削減を図る。
アイデンティティ identity	同一性、個性	企業のアイデンティティを確立させる。
ニッチ niche	隙間	ニッチな市場に商機を見出す。
コンセンサス consensus	合意形成	広報部のコンセンサスをとっておいてください。
ボトルネック bottleneck	効率的に物事が進まない要因	更なる事業拡大にはボトルネックの解消が必須です。
マイルストーン milestone	プロジェクトの中で工程遅延の許されないような大きな節目	マイルストーンに沿ってプロジェクトを進行させる。

Point!

これらのカタカナ言葉は業界や企業によって、使用頻度が変わってきます。会話中、文章中で分からないカタカナ言葉が出てくれば、調べて覚えておくようにしましょう。

第3章

添削事例

　第3章【添削事例】では、本著の内容を踏まえて、実際のエントリーシートに対しての添削事例を掲載しています。
　頻出の質問項目に対して、各トピック（話題）での内容を紹介していますので、ぜひあなた自身の経験と照らし合わせて、添削事例をご覧ください。特に文章構成に注目して添削事例を読み込んでいただけると、エントリーシートを書く上でのヒントがたくさん詰まっているはずです。

　そして、巻末には「ES提出前チェックシート」をご用意しました。
　これは実際、内定塾で多くの学生のエントリーシートを添削する際に講師陣が意識するチェック項目になっています。エントリーシートを提出する前には必ずこのチェックシートで再確認をしてから提出するようにしてください。エントリーシートを何度も何度も読み返し、より良いモノへと改善していくことがエントリーシート選考の合格率向上とともに、志望企業の内定へとつながると内定塾での長年の指導経験からも確信しています。

添削例（学生時代頑張ったこと）❶ アルバイト

Before

　私が学生時代に頑張ったことは、2年間続けているカフェでのアルバイトです。

> 不要。1行目は短くシンプルに分かりやすく。

　私の働くお店はまだオープンして間もない店で、何もかもがイチからのスタートでした。

　実際、接客方法がほとんど確立できていなくて、仮に外国人のお客様が来店すれば多くの店員が何をするか戸惑い、あたふたしてしまっている状況でした。

> 1文が少し長いです。不要な情報を削るようにしましょう。

　そこで、海外のお客様の対応も含め、お店としての接客方法の確立を目指しました。

> 自分の行動をアピールしたいので主語を入れたいです。

　そして、まずはアルバイトスタッフを集めて、接客に必要な英会話の勉強会を行いました。
　そして、その勉強した英会話で接客できる接客手順を作っていったのです。

> 「そして」が2回続いています。同じ接続語を続けるのはNGです。

　その結果、接客レベルが向上し、スムーズに接客できるようになりました。

> 自分の行動（解決策）との因果関係が分かりにくいので、もう少し具体的に書きましょう。

　これによって、常連客もたくさんできてお店は繁盛しました。

> 成果は数字や第三者の評価を書いて客観性を出したい！

　この経験を通じて、私は自ら行動することの大切さを学びました。

　貴社でもこの自ら行動する姿勢を発揮していきたいと思います。

> 最終文が「〜と思います」となるとアピールも弱く感じます。最終文では強く言い切ります！

After

　2年間続けているカフェでのアルバイトに力を注ぎました。私の働くお店はまだオープンして間もない店で、何もかもがイチからのスタートでした。実際、接客方法は確立できていなくて、外国人のお客様が来店すれば、いつも店内は混乱していました。

　そこで私は、海外のお客様の対応も含め、お店としての接客方法の確立を目指しました。そして、アルバイトスタッフを集めて、接客に必要な英会話の勉強会を毎週開催することから始めました。さらに、その勉強した英会話を活用して接客できる接客手順を作り、接客方法を確立していきました。

　その結果、外国人のお客様の接客に困ることもなくなり、店全体としてスムーズな接客が可能になりました。これによって、外国人の常連客も増え、店の売上も1日20万円を常に超えるようになりました。この経験を通じて、私は自ら行動することの大切さを学びました。

　貴社でもこの自ら行動する姿勢を発揮していきたいです。

! 「問題」と「行動」と「成果」のつながりをより一層意識して文章を書きましょう。
「問題」：外国人のお客様が来店すると店が混乱
「行動」：英会話の勉強会の定期開催と、その内容で接客できる手順の確立
「成果」：外国人の常連客が増加、売上1日20万円以上
この3点をしっかりと論理的に構成すると、全体としても筋の通った文章になります。

添削例（学生時代頑張ったこと）❷ 部活動

Before

チーム一丸の常勝チームを私は作り上げました。

> 1文目は工夫しましょう。見出しを書くことも検討しましょう。

私の所属するサッカー部は部員が40名の大規模クラブでした。

> 文末表現「～でした」が3文続くのでどの文章かの語尾を変えたいです。

個性的な部員の集まりで、ある時、レギュラーと控えメンバーとの間でのケンカが起きたのでした。

> レギュラーと控えメンバーの対立が話題の中心となるため読み手に印象的に伝える工夫をしたい。

レギュラーはもっと練習がしたい、控えメンバーは楽しく練習がしたいと対立したのが原因でした。

> 「　」を使うなどして、何と何が対立しているのかを分かりやすく伝えましょう。

このままでは、部が分裂してしまうと感じ、この状況を打破しようと工夫をしました。

> 自分の行動なので主語（私は）を入れて、主体的に行動したことをアピール。

レギュラーと控えメンバーを総入れ替えして試合に臨んだり、情報交換をしました。

> 「たり」の使い方をチェック。「〜たり、〜たり」と繰り返します。
> ここでは、伝えたいことを絞って最も伝えたいことを書きましょう。

また、試合後には長く話す場を作ることで、お互いの気持ちを理解できるようにしました。

> 「また」を「さらに」に置き換えてみましょう。

その結果、お互いが相手の立場を知り、お互いを受け入れられました。

> 受け入れたという一時的なものではなく、受け入れられる状態に変わったと伝えたい。
> （受け入れられました。⇒行動事実　受け入れられるようになりました。⇒状態の変化）

これによって、チームがまとまり、3年次の関東大会では見事に優勝を成し遂げました。
この経験を通じて私は、相手の立場を受け入れる大切さを学びました。

After

「チーム一丸の常勝チーム」

　私の所属するサッカー部は部員が40名の大規模クラブ。個性的な部員の集まりでした。そんな中、ある問題が起こったのです。それは、レギュラーと控えメンバーとの間でのケンカです。

　レギュラーメンバーは「もっと練習がしたい」、控えメンバーは「楽しく練習したい」と対立したのが原因でした。このままでは、部が分裂してしまう。そう感じた私は、この状況を打破しようと様々な工夫をしました。

　その1つが、レギュラーと控えメンバーを総入れ替えして試合に臨むことでした。さらに試合後には長く話す場を作ることで、お互いの気持ちを理解できるようにしました。

　その結果、お互いが相手の立場を知り、徐々にお互いを受け入れられるようになりました。これによって、チームがまとまってきたのです。その証拠として3年次の関東大会では見事に優勝を成し遂げました。

　この経験を通じて私は、相手の立場を受け入れる大切さを学びました。

! 　この内容では、本来はもっと自分の取組んだことを伝えたいはずだと思います。
ただすべてを伝えようとすると情報量が多くなりすぎて読み手の理解度はかえって下がってしまいます。
エントリーシートですべてのことを伝えるのではなく、面接につなぐことを目的として書きましょう。

添削例（学生時代頑張ったこと） ❸ 留学

Before

私は留学時の国際交流に力を入れました。

私は、グローバルに活躍する社会人になるため、アメリカへ留学をしました。

しかし、英語もあまり話せない私にとってはこの留学は大変困難なことが多く、異文化の中で生きる日々は辛いことの連続でした。

大学では英語ができないことで、友達もできず、授業にはついていけない状態でした。

それでも、持ち前の根性で努力を重ねました。

毎日、授業の予習に時間を費やし、授業後は教授や、クラスメイトに教えてもらうようにしました。

そして、積極的に自ら片言の英語でコミュニケーションをとり英語を学んでいきました。

この努力を続けた結果、留学後4か月目には英語ができるようになりました。

さらに、様々な価値観に触れることができました。

それ以降は、この留学経験が私の人生の糧になっていました。

社会人になってからも持ち前の根性を発揮して、頑張ります。

- 国際交流の内容が、本文中にあまり書かれていないので表現を変える。
- 2週間や1か月の短期語学留学もあるため、もし通常の留学であれば期間を書きましょう。（交換留学の場合はそう書いておくのもよいでしょう）
- 「しかし」の文章は、短くシンプルに伝えたいことを伝えましょう！
- 〈困難1〉友達もできない 〈困難2〉授業にはついていけない のため、困難がいくつもあったという意味を伝えるため、「授業にも」と「も」を使いましょう。
- この文章は主語を入れて「（他の人なら無理かもしれないけど）私は」と強調したい。
- 「時間を費やし」この表現は、具体的に数字に落とし込みたいところ。
- 文末表現「～ました」が続いているので、文末表現を変える工夫をしましょう。
- 成果（結果）は、より具体的に書きましょう。どの程度、英語ができるかを書く必要があります。
- 〈困難1〉友達もできないと書いているので成果（結果）の部分で言及したいところです。
- 過去形ではなく、現在形を使い、「今でも人生の糧になっている」と伝えたい。
- 「頑張る」という表現は抽象的。全体の内容を踏まえてまとめたい。

After

「根性で困難を乗り越えた1年間のアメリカ留学」

　私は、グローバルに活躍する社会人になるため、1年間アメリカへ留学をしました。しかし、この留学は困難の連続でした。言葉も伝わらない異国。そして異文化の中で生きる日々は、辛いことばかりでした。大学では英語ができないことで、友達もできず、授業にもついていけない状態でした。

　それでも私は、持ち前の根性で努力を重ねました。毎日、授業の予習に3時間を費やし、授業後は教授や、クラスメイトに教えてもらうようにしました。そして、積極的に自ら片言の英語でコミュニケーションをとり英語も学んでいったのです。

　この努力を続けた結果、留学後4か月目には授業でも自分の意見が英語で発表できるまでになりました。さらに、徐々に友人も増えていき、カナダ人の親友もできたのです。今ではこの留学経験が私の人生の糧になっています。

　社会人になってからも持ち前の根性を発揮して、困難を乗り越えていきたいです。

! 　留学のエピソードを書く学生は近年増えてきています。
　ただ、大切なのはどのような想い・意図・目的で留学し、何を得て帰ってきたかです。
留学が目的になるのではなく、あくまでも手段として考える必要があります。
多くの学生が経験する留学先での困難や苦労をうまく表現できると、伝わりやすい文章になります。

添削例（学生時代頑張ったこと）❹ ゼミ（勉強）

Before

　大学院でのマメ科植物とそのマメ科植物と共生を行う根粒菌の研究です。

> 1行目はシンプルに。研究の場合は、研究テーマを1行目に書くのが一般的です。

　マメ科植物は根粒菌というバクテリアと共生し、クロロフィルを持たず光合成のできない根粒菌がマメ科植物から光合成産物をもらい、マメ科植物は根粒菌からアンモニアをもらうなどして支えあいます。

> 読み手の理解度を高めるために、簡単に説明する必要があります。
> ただし、深く説明しすぎると文章が長くなるので注意。
> 企業や職種によっては、研究内容は別途詳しく書く項目があるのでそちらで詳しく書きましょう。

　そのメカニズムを理解し、他の植物でも根粒菌との共生ができないかを研究してきました。

> 現在も研究が続いている場合は、現在形を使います。今も続けているかどうかで現在形か過去形かの区別をしましょう。

　その中でも一番大変だったのが、マメ科植物の成長や根粒の数等を記録する実験でした。

> これだけでは大変さが伝わりにくいです。大変さが分かるようにもう少しだけ補足しましょう。

　さらに、実験中も測定の方法や使用器具の問題点をメモしました。

> メモすることが目的ではなく、どういう意図があったかまで書きましょう。

　これによって、研究では多少の小さなミスはあったのですが、順調に進んでいきました。

> 「多少の小さなミスはあった」→「大きなミスはなかった」伝え方によって読み手が受け取る印象は変わってきます。どう伝えたいのかを考えてみましょう。

　その結果、3年次の春には私が中心となって論文を書き上げ、植物学会でも発表もしました。

> 結果として書くには少し飛躍があります。
> いきなり論文や学会発表に関して書くのではなく、よい結果が出たことを1文書いてからにしましょう。

　研究を通じて学んだ知識を貴社でも生かしていきたいです。

> 研究の知識を生かすとなると、仕事内容が限られてしまいます。

After

　大学院での「マメ科植物と根粒菌との共生」についての研究です。

　マメ科植物は根粒菌というバクテリアと共生し、お互いに栄養素を交換する等して支えあいます。そのメカニズムを理解し、他の植物でも根粒菌との共生ができないかを研究してきました。

　その中でも一番大変だったのが、1週間泊まり込みでマメ科植物の成長や根粒の数等を記録する実験でした。3時間おきに測定が待っているのでほとんど寝られない状態でも、丁寧に1つひとつ作業を行っていきました。さらに、実験中も測定の方法や使用器具の問題点をメモし、次回の実験に生かしました。

　これによって、研究では大きなミスもなく、順調に進んでいきました。その結果、私の研究を通じて根粒や根粒菌がどのように増えていくかが明らかになってきたのです。3年次の春には私が中心となって論文を書き上げ、植物学会でも発表もしました。

　研究を通じて学んだ、日々改善する姿勢を貴社でも活かしていきたいです。

!　研究内容を書く場合は、どこまで詳しく書くことを求められているかを考えましょう。

研究職の選考等で、研究内容について問う質問の場合はより具体的に専門用語も含め説明するとよいでしょう。

それに対して、「学生時代力を入れたこと」に研究内容を書く場合は、読み手が理解しやすいように分かりやすく説明しながら書きましょう。

また、大学（院）で研究をしている学生は、一度A4用紙1枚に研究内容を分かりやすくまとめておくとよいでしょう。（選考過程で必要になることもあるので）

添削例（自己PR）❶ 課外活動

Before

私の強みは、行動力です。
> 「行動力」だと抽象的。修飾語をつけてより自分らしく伝えましょう。

私が成人式実行委員会に参加した時のことだ。
> 「常体（だ。である。）」と「敬体（です。ます。）」は統一しましょう。

成人をきっかけに社会貢献したいと考え、かねてから興味があったペットボトルキャップでワクチンを買い、世界の貧しい国に送る活動である「エコキャップ」活動を企画しました。
> 文章が長い。文章を2文に分けて、シンプルに伝えましょう。

しかし、私はこの企画の問題は成人式にキャップだけを持ってくる人がいるかだと考えていました。
> 「しかし」の文章はできる限り短く書きましょう。不要な情報は削るようにしてください。

多く集められなければ、今回の企画の失敗の結果につながるため、最初は他のメンバーは反対しました。
> 「の〜の〜の」と「の」が繰り返されています。改善しましょう。

それでも私は、2000個のキャップを集めるプランを示し、熱意で説得しました。
> 「プラン」⇒「具体的プラン」と書くことで面接時に質問したい箇所へと変わります。エントリーシートでは文字数の関係で書けない内容を面接で伝えたいので、面接も意識した書き方をしましょう。

そして、宣伝用ポスターを作成し、商店街や大学に貼らせてもらう営業に励みました。
> 自分の行動であることを強調するために「自ら」と入れます。
> また、なぜ商店街や大学なのかに触れておくと、戦略的に行動したことが伝わります。

さらに、駅前でもチラシを配布しました。
> 「周りを巻き込む行動力」と伝えるためには、周りが協力してくれたという内容の方が必要ですね。

その結果、当日だけで3517個のキャップが集まりました。
> ここでの成果（結果）は、ポスターが多く貼れたことと、キャップが集まったことです。

このように私は、何事にもチャレンジします。
> 最後は、アピールポイントを踏まえてまとめましょう。

After

　私の強みは、「周りを巻き込む行動力」です。

　私が成人式実行委員会に参加した時のことです。成人をきっかけに社会貢献したいと考え、かねてから興味があった「エコキャップ」活動を企画しました。これは集めたペットボトルキャップでワクチンを買い、世界の貧しい国に送る活動です。

　しかし、この企画の問題は成人式にキャップだけを持ってくる人がいるかでした。多く集められなければ、企画は失敗するため、最初は他のメンバーは反対しました。それでも私は、2000個のキャップを集める具体的プランを示し、熱意で説得しました。

　そして、自ら宣伝用ポスターを作成し、若者の集まる商店街や大学に貼らせてもらう営業に励みました。すると、これを見ていたスタッフも協力してくれるようになりました。その結果、ポスターは50か所に貼られ、当日だけで3517個のキャップが集まりました。

　このように私は、何事にもチャレンジし、周りを巻き込んで行動できます。

! 「周りを巻き込む行動力」をアピールポイントとする場合は、「自分の行動で周りが巻き込まれて行動した内容」をメインに文章を構成する必要があります。
アピールポイントを頭に入れながら文章を書き進めるようにしましょう。
もし、アピールポイントが決まっていなければ、アピールポイントを決めずに文章を書き終えてから最後に付け加えることもできます。
あくまでもエピソードがアピールポイントを証明する内容になっていることが大前提です。

添削例（自己PR）❷ アルバイト

Before

　私の信条は、誰よりも真摯に仕事に取り組み、結果を残すことで、これが強みでもあります。
> 文章を分けて情報を整理しましょう。1行目は大切なので工夫するとよいでしょう。

　私は、大学に入学してから3年間、塾講師のアルバイトをしました。
> 長く続けていることはアピールになります。

　莫大な講師数を擁する大教室の運営主任を務めた事で、アルバイトの立場を越えて仕事に携われたと自負しています。
> 数字で書ける部分は数字で書いた方が読み手はイメージしやすくなります。

　月次報告書のチェックは毎月300枚を超え、徹夜も珍しくはありませんでした。
> アルバイトの立場を超えて様々な仕事をしたことを伝えるために「例えば」を入れる！

　それでも私は手を抜かず1枚1枚丁寧に作業をこなしました。
> 「こなす」という表現は、「与えられた仕事を処理する」と受け身の意味なのであまり使わない方がよいでしょう。

　この姿勢で仕事に取り組んだ結果、優秀講師表彰会に3度も招待されました。
> 「優秀講師表彰会に3度も招待された」だけでなく、もう一言付け加えることで読み手に分かりやすく伝える。

　さらに、広報誌や講師名簿の作成を行っていた事から、新人講師育成係も任されました。
> 自ら行っていたことを伝えた方がよいでしょう。

　そして、全国の新人の育成数の1位を達成しました。
> 「の」が繰り返されているので修正！

　これらは日々、自分らしく真摯な姿勢で仕事に臨んできた結果だと思います。
> 全体をまとめる上での重要な文章なので、「～思います。」ではなく言い切る！

　貴社の誠実で熱意に満ち溢れた社風の中では、私の力を最大限発揮できると確信しております。
> この会社がもっとも自分に会っていることを伝えたいところです。

第3章　添削事例

After

「誰よりも真摯に仕事に取り組み、結果を残す」

　これが私の信条であり、強みです。私は、大学に入学してから3年間、塾講師のアルバイトを続けてきました。講師数150名を擁する大教室の運営主任を務めた事で、アルバイトの立場を越えて仕事に携われたと自負しています。

　例えば、月次報告書のチェックは毎月300枚を超え、徹夜も珍しくはありませんでした。それでも私は、手を抜かず1枚1枚丁寧に作業をしてきました。この姿勢で仕事に取り組んだ結果、優秀講師表彰会に3度も招待されるほど高い評価をいただきました。

　さらに、広報誌や講師名簿の作成を自主的に行っていた事から、新人講師育成係も任されました。そして、全国で新人育成数1位を達成しました。

　これらは日々、自分らしく真摯な姿勢で仕事に臨んできた結果です。

　貴社の誠実で熱意に満ち溢れた社風の中でこそ、私の力を最大限発揮できると確信しております。

！　「誰よりも真摯に仕事に取り組み、結果を残す。」と1文に書いているため、「真摯な姿勢」と「結果」が本文での重要なキーワードになってきます。
1行目のアピールポイントを本文で証明するイメージで文章を書き進めていくとよいでしょう。

添削例（自己PR）❸ ゼミ

Before

　私は、付加価値を提供できる人間です。
> 「付加価値」の部分が本文中には書かれていないです。本文を書いたあともう一度1行目を考えましょう。

　私は、大学3年次より光学研究室に所属し、研究を行っています。
> 何の研究？　読み手がイメージしやすいように必要な情報は書きましょう。

　研究は、毎日が初めての経験で、日々勉強に励みながら取り組んでいます。
> 主語＝研究　述語＝取り組んでいます。　で主語と述語がズレています。

　しかし、ある時、「キミは自分の考えを持っているのか？」と言われました。
> 誰から言われたのですか？

　私にとってこの言葉は衝撃的でした。
> なぜ衝撃的だったかも分かるように書きたいところです。

　その言葉が、知識を詰め込むだけになっていて「自分らしさ」を忘れていた自分に気づかされました。
> 主語と述語の関係を意識しながら書きましょう。「その言葉が〜気づかせてくれました。

　そして、それ以降は知識を蓄えつつ、自分でしっかりと考え、自分の意見を持つことを心がけました。
> 今も心がけていると伝えたいので、過去形ではなく、現在形。

　毎日のように教授に自分の考えをぶつけ、アドバイスをもらうようにしています。
> 接続語を入れることで文章のつながりを分かりやすくしましょう。

　その結果、今では教授にも認めていただきました。
> 認めてもらったと言える証拠を伝える必要があります。

　このように私は、ただ与えられたことをこなすのではなく、自ら考え、付加価値をつけて提供できる人間だと思います。
> 「〜思います」ではなく、最後の文章では言い切ります。

After

　私は、自ら考え、自ら行動します。

　私は、大学3年次より光学研究室に所属し、光の干渉計測法について研究を行っています。研究は、毎日が初めての経験で、私は日々勉強に励みながら取り組んでいます。しかし、ある時、教授から「キミは自分の考えを持っているのか？」とお叱りを受けました。一生懸命研究に励んでいた私にとってこの言葉は衝撃的でした。

　その言葉が、知識を詰め込むだけになっていて「自分らしさ」を忘れていた自分に気づかせてくれました。そして、それ以降は知識を蓄えつつ、自分でしっかりと考え、自分の意見を持つことを心がけています。

　さらに、毎日のように教授に自分の考えをぶつけ、アドバイスをもらうようにしました。その結果、今では教授にも認めていただき、「立派な研究者になったね」と言ってもらうまでになりました。

　このように私は、ただ与えられたことをこなすのではなく、自ら考え、付加価値をつけて提供できる人間です。

！ 研究内容には触れないで書いている文章です。
　　内容的には少し抽象的だからこそ、教授の言葉を具体的に書くことで、読み手がイメージしやすい内容にしています。
理系の人が文系就職（研究職や専門分野を生かした仕事ではなく、通常の職種に就く）する際は、研究内容を詳しく書いても、読み手が分からない可能性が高いです。
そのため、研究内容ではなく、その研究における行動（取り組み）に重きを置いて書くようにしましょう。

添削例（自己PR）❹ サークル活動

Before

私の強みは「気配り」のできる人間です。
> 「強みは〜人間です」はつながりません。

私は、約100名が所属するバスケットボールサークルで、1年間幹部を務めました。
> 主語と述語は近接させたいです。

私の主な仕事は、年3回の合宿と練習の管理。
> 合宿の話は書かれていないので、練習の管理に絞りましょう。

ここで私の持ち前の気配りを発揮しました。
> ここでは気配りを「　」に入れた方が分かりやすいですね。

1. 全体の士気を高める「気配り」を実施

練習では、気を抜いているメンバーには声をかけて回りました。
> 箇条書きなので、「気配り」と止めた方が分かりやすいですね。

2. 先輩が気持ちよく練習できるようにする気配り
> 「全体の士気を高める」を受けての文章なので、「全体の」というニュアンスを伝えたい。

先輩の練習がスムーズにできるように、ボールの用意や、コートの整備を行うなどの事前準備を徹底しました。さらに、声出しを行いました。
> 形を揃えます。

3. チームのメンバーが仲よく取り組むための調和を促す「気配り」
> 箇条書きなので出来る限り簡単に説明しましょう。

常に少数派の意見にも耳を傾け、よりよい練習環境を作り上げていきます。
> 箇条書きの項目は短く書きましょう。

この実践により、チームをまとめ、充実した練習ができる環境を作っていきました。
> ここは他の要素の説明と同じく過去形です。

これによりチームは一部リーグへと昇格を果たしました。
> 要素が3つあるので、「これらの実践により」が正しいですね。

さらに、チームのメンバーが選ぶ貢献度ナンバーワン選手にも選ばれました。
> いきなり一部リーグへ昇格と言われても分かりにくいです。補足しましょう。

このように私の強みは、「気配り」のできる人間です。
> 主語を入れて、「私は」と強調しましょう。

> 1行目とほぼ同じ文章になっているので工夫したいところですね。

After

　私は「気配り」のできる人間です。

　約100名が所属するバスケットボールサークルで、私は、1年間幹部を務めました。私の主な仕事は、練習の管理。ここで私の持ち前の「気配り」を発揮しました。

　1. 全体の士気を高める「気配り」
　　　練習では、常に全体を見渡し、気を抜いているメンバーには声をかけて回りました。

　2. 先輩が気持ちよく練習できるようにする「気配り」
　　　先輩の練習がスムーズにできるように、事前準備を徹底しました。

　3. 全体の調和を促す「気配り」
　　　常に少数派の意見にも耳を傾け、よりよい練習環境を作り上げていきました。

　これらの実践により、チームをまとめ、充実した練習ができる環境を作っていきました。これによりチームは徐々に力をつけ、昨年には関東二部リーグから一部リーグへと昇格を果たしました。さらに私は、チームのメンバーが選ぶ貢献度ナンバーワン選手にも選ばれました。

　このように私は、「気配り」で周りをまとめます。

! 　箇条書きを使う文章です。
　　箇条書きを使う場合は、短く簡潔に書くことが基本です。さらに形（書き方）もそろえて、要素が分かりやすく伝わるように工夫しましょう。

添削例（志望動機）❶ 食品会社

Before

世界中に幸せを広めていきたいです。

> この書き出しだと、志望業界や企業を絞り込めていない。1社に特定するまで書く必要はないにしろ、もう少し業界（職種）を絞り込む書き方にしましょう。

貴社の説明会を通じて、食への魅力を感じました。

> 説明会で知ったのも悪くはないですが、できればそれ以前のきっかけ（1行目の考えに至った背景）を書きたい。

日本では「食」の重要性がまだまだ浸透していないことも知りました。

> 1行目の「世界中に」を意識して書きましょう。

それ以来、日々の「食」に感謝し、食べ物を残すこともなく生きてきました。

> 主語を入れて、「（他の人と違って）私は」と強調したいところです。

私が毎日健康に、笑顔で毎日を過ごせているのは毎日の食のおかげです。

> 同じ表現（毎日）を1文で何度も繰り返さない。

そして社会人になっても、食のありがたさを世の中に伝える仕事がしたいと思うようになりました。

> ここは強調したいので、「〜思うようになりました」よりも強く伝えます。

その中で私が巡り合ったのが、貴社です。

> 「貴社です。」だとどの部分が一致したのかが分からないのでもう少し補足。

貴社は、食に感謝することの大切さや、食の本質を世の中に広めていくことができると確信しています。

> 主語と述語の関係に注意。

また、私は次世代に伝えていく取り組みにも将来的には携わっていきたいと考えています。

> 「また」は「さらに」に置き換えてみましょう。

私は貴社の一員として、幸せを広めていきたいです。

> 1行目や本文のキーワードを踏まえてまとめましょう。

> **After**

　おいしい食品を通して、世界中に幸せを広めていきたいです。

　小学生の時に私は、世界には満足に食事ができない人がいることをテレビで知りました。日本では当たり前の「食」も世界では当たり前ではないことを初めて認識したのです。それ以来、私は、日々の「食」に感謝し、食べ物を残すこともなく生きてきました。健康に、笑顔で毎日を過ごせているのは食のおかげです。そして社会人になっても、食のありがたさを世の中に伝える仕事がしたいと強く思うようになりました。

　その中で私が巡り合ったのが、「おいしい」を大切にした「食育」活動を行う貴社です。貴社でなら、食に感謝することの大切さや、食の本質を世の中に広めていくことができると確信しています。さらに、次世代に伝えていく取り組みにも将来的には携わっていきたいと考えています。

　私は貴社の一員として、おいしい食を通じて、世界中に幸せな笑顔を広めていきたいです。

> **!** 志望動機では、「あなたがやりたいこと」を明確に伝える必要があります。
> その中で、「あなたがやりたいこと」と「志望企業でできること」が一致すること（大きく離れていないこと）を文章で説明していきます。
> 1行目の「おいしい食品を通して、世界中に幸せを広めていきたい」をしっかりと意識して文章を書き進めていくようにしましょう。

添削例（志望動機）❷ 証券会社

Before

私は、多くの人の資産運用をサポートしたい。

> この書き出しでも問題ありません。しかし、もう少し大きな視点でとらえてもよいでしょう。

私は以前から株に興味があります。

> 「株に興味がある」では意味が広いので、「株取引」くらいがよいでしょうね。

しかし、まだ株取引というものをしたということはありません。

> シンプルに書きましょう。

それは私の中で、「株取引」に対しての漠然とした不安があります。

> この文章は理由になるので、「～からです」が妥当だと思います。

実際に、日本の資産運用の割合のデータから考えてみても、この資産運用に対する不安は私だけのものではなく多くの人に共通するもののようにも思います。

> 1文が長くなっています。不要な情報は削り短く伝えましょう。

一方、日本は少子高齢化や安全保障等の背景もあり、老後のための資産形成は必要不可欠になってきます。

> 安全保障が直接的につながってこないです。

だからこそ、証券会社である貴社の一員になることに私は大きな魅力を感じています。

> この文章ではなるべく「この会社しかない」と志望先を1社に絞りこみたい。

貴社であれば、より多くのお客様の資産運用に対する不安を取り除くことができると考えています。

> なぜ貴社なのかという部分では、補足が必要になってきます。

さらに、多くの人の資産運用のサポートをして、多くの人に老後の安心を提供したいです。

> 「老後の安心」を中心テーマにするならこれでよいでしょう。1行目を踏まえてのまとめです。

そのため貴社の一員として、早く一人前になってお客様の資産運用をサポートしたいです。

> 主語を入れて、より自分の気持ちを強く伝えたいです。

After

　私は、多くの人の資産運用をサポートすることで日本経済を活性化したいです。

　私は以前から株取引に興味があります。しかし、まだ株取引をしたことはありません。それは私の中で、「株取引」に対しての漠然とした不安があるからです。実際、日本の資産運用の割合から考えても、この不安は私だけのものではないようにも思います。

　一方、日本は少子高齢化や財政危機等の背景もあり、老後のための資産形成は必要不可欠になってきます。だからこそ、証券会社の最大手である貴社の一員になることに私は大きな魅力を感じています。

　貴社であれば、長年のノウハウと、信用力でより多くのお客様の資産運用に対する不安を取り除くことができると考えています。さらに、多くの人の資産運用のサポートを通じて、日本経済の発展に貢献できると確信しています。

　そのため私は貴社の一員として、早く一人前になってお客様の資産運用をサポートしたいです。

> **!** 志望動機では、うまく自分の経験と重ね合わせて書くと説得力のある内容になります。
>
> 「株取引」に対しての漠然とした不安　が自分自身のキーワード。
> 「自分は株取引への不安⇒他の人も不安のはず⇒だから貴社で不安を解消したい」のような流を意識して書くとうまく書けるでしょう。

添削例（志望動機）❸ 通信会社

Before

　私は、携帯電話を通じて新しい生活スタイルを提案し、よりよい生活文化を創るのが夢です。

> 主語と述語の関係を意識しましょう。現状だと「私は＝主語」「夢です＝述語」の関係となっています。

　この夢を持つに至ったのは、私の生活を携帯電話が大きく変えたことを私が実感したからでした。

> シンプルに書いてみましょう。

　私は大学になって携帯電話を始めて持ちました。

> 大学になってではなく、大学生になってですね。「始めて」の漢字が違います。

　それ以降、私の生活は激変して、友達とのメール、インターネット、スケジュール管理や朝の目覚ましまで携帯電話が可能にしてくれました。

> 文章を2文に分けましょう。

　これによって、私の生活水準は大幅に上がり、今では携帯電話は生活になくてはないものにまでなっています。

> 「は」が多くなっています。工夫しましょう。

　そして、近年、携帯電話は1人1台が当たり前になりました。

> 「〜なりました」と過去形で言い切るよりは、「〜なってきました」の方が無難です。

　だからこそ、人々の生活スタイルに影響を与える取り組みができると考えています。

> 「携帯電話を通じてであれば」と補足した方が分かりやすい。

　その中でも、最も人々に影響を与えられるのは業界トップの貴社だと私は考えます。

> 業界トップだけではなく、もう1つ要素を追加して書きたい。

　貴社でなら、携帯電話を通じて、多くの人々に対して新しい生活スタイルを提案し、よりよい生活文化を創ることができるのだと私は確信しています。

> 最後の文章は分かりやすくキーワードを使ってまとめましょう。

After

　私の夢は、携帯電話を通じて新しい生活スタイルを提案し、よりよい生活文化を創ることです。

　私の生活は、携帯電話が大きく変えました。私は大学生になって携帯電話を初めて持ちました。それ以降、私の生活は激変しました。友達とのメール、インターネット、スケジュール管理や朝の目覚ましまで携帯電話が可能にします。これによって、私の生活水準は大幅に上がり、携帯電話なしの生活は考えられないようになりました。

　そして、近年、携帯電話は１人１台が当たり前になってきました。だからこそ、携帯電話を通じてであれば人々の生活スタイルに影響を与える取り組みができると考えています。

　その中でも、最も人々に影響を与えられるのは業界トップで強固なインフラを持つ貴社だと私は考えます。

　貴社でなら、携帯電話を通じて、新しい生活スタイルを提案し、よりよい生活文化を創れると私は確信しています。

! 　競合企業が複数ある場合は、「なぜこの会社なのか？」を示す必要があります。
その際、業界トップ、リーディングカンパニーというだけではなく、企業研究から知り得る情報を書くことが理想です。
会社説明会やOBOG訪問を通して、「なぜこの会社なのか」の決定的な要素を見つけてください。

添削例（志望動機）❹ 広告会社

Before

　企業の販促活動を影から支えたい。その想いで、貴社を志望する。

> 「陰から支える」です。漢字間違いはなくしましょう。

　広告会社の営業職では、お得意様のニーズにお答えするため、社内外の人間を巻き込み、チームを束ねながら仕事を進めていく。

> 「ニーズにお応えする」これもよく間違う漢字です。

　即ち、プロデューサーとしてプロジェクトを仕切れるかどうかが、お得意様からの信頼を勝ち取れるかどうかの鍵となると考える。

> 1文字でも削れる文字があれば削るようにしましょう。

　私は、所属している体育会サッカー部において、部の運営を支えている役割である主務という役職を担っていた。

> 1文が長くなっています。できる限りシンプルに書くようにしましょう。

　部の念願である一部昇格に向けて、選手だけでなく、スタッフ、OBOG、マネージャー等も巻き込み、チームの土台作りに注力した。

> 「等」ある文章なのに要素が多いです。多くても3つまでにしましょう。

　時には、活動費を集めるため、OBOGを訪ね、寄付金も募った。

> OBOGを訪ねたという自分の行動は少しでも大きく伝える。

　その結果、部は悲願の一部昇格を達成した。

> 「土台作りに注力した」とあるから、そこにも触れて成果を書きたいところです。

　この経験で発揮した周囲を巻き込む力と根性は、貴社の営業職でも存分に生かせると考える。

> 発揮した要素は特に伝えたい1つに絞った方が読み手の印象に残りやすいです。

　貴社の説明会や、OBOG訪問を通じて、貴社からは「お得意様に死力を尽くす」姿勢を感じた。

> 「OBOG訪問を通じて」はもし多くのOBOG訪問をしていたらその人数を書きたい。

　今まで、体育会サッカー部で、「悲願達成のために、大学生活のすべて」をかけてきた。まさにその姿勢と合致する。

> 「主語（私は）」を入れて、「私は」と強調したい。

　入社が許されるのならば、貴社の営業職として、担当するお客様の為に、社会人人生のすべてをかけることをここに誓います。

> 常体（だ　である）と敬体（です　ます）を混在させない。

第3章　添削事例

企業の販促活動を陰から支えたい。その想いで、貴社を志望する。

　広告会社の営業職では、お得意様のニーズにお応えするため、社内外の人間を巻き込み、チームを束ねながら仕事を進めていく。即ち、プロデューサーとしてプロジェクトを仕切れるかが、お得意様からの信頼を勝ち取るための鍵になると考える。

　私は、所属する体育会サッカー部において、部の運営を支える主務を担っていた。部の念願である一部昇格に向けて、選手だけでなく、スタッフ、OBOG等も巻き込み、チームの土台作りに注力した。時には、活動費を集めるため、歴代OBOGを直接訪ね、寄付金も募った。その結果、盤石な土台が整い、部は悲願の一部昇格を達成した。

　この経験で発揮した周囲を巻き込む力は、貴社の営業職でも存分に生かせると考える。貴社の説明会や、40人以上にしたOBOG訪問を通じて、貴社からは「お得意様に死力を尽くす」姿勢を感じた。私は、今まで、体育会サッカー部で、「悲願達成のために、大学生活のすべて」をかけてきた。その姿勢と合致する。

　入社が許されるのならば、貴社の営業職として、担当するお客様のために、社会人人生のすべてをかけることをここに誓う。

！　常体（だ。である。）を使って、うまく気持ちを伝えられている文章です。
自分が実際に行動して知った企業像と自分自身の経験やその際の姿勢が合致していることを伝えているため説得力もあります。
企業の仕事内容への理解がしっかりとできているので、OBOG訪問の成果が出ています。

添削例（その他）❶ 企業選びのポイントを教えてください

Before

　私の企業選びのポイントは、「挑戦」です。

> 言葉足らずになっています。補足しましょう。

　私は今まで、高い目標に立ち向かうことで自分自身を成長させてきました。

> ここで伝えたい「挑戦」というキーワードを入れると読み手に印象付けます。

　ラクロスでは努力を重ねた結果、最終的にはレギュラーの座を獲得しました。

> なぜラクロスが挑戦なのかが分からないので補足が必要です。

　一方、大学の奨学金を獲得するという高い目標に対しては、昨年度に達成しました。

> 「高い目標に対しても」と「も」にする。

　このように高い目標に向けて挑戦することで、努力を重ねてきました。

> この文章は何を伝えたいのかが分かりません。伝えたいメッセージを明確にしましょう。

　そのため企業選びにおいても、挑戦できる環境がそこにあるのかを重視して企業選びを行っております。

> 企業選びが2回出てきて少しつながりがおかしいです。

　その中で、貴社には手を挙げれば仕事を任せてもらえる制度があることを説明会とかで伺いました。

> 「とか」の使い方をチェック。

　これであれば新たなことにも挑戦することができる環境であることを確信しています。

> 「こと」が繰り返されています。同じ表現を多用しないように注意しましょう。

　だから私の企業選びのポイントとも一致しているので志望しております。

> 「貴社を」と入れましょう。「貴社を」がなくても意味は通じますが、「貴社を志望している」と伝えたいところなので。

After

　私の企業選びのポイントは、挑戦できる場がそこにあるかどうかです。

　私は今まで、高い目標に挑戦することで自分自身を成長させてきました。大学より始めたラクロスでは努力を重ねた結果、最終的にはレギュラーの座を獲得しました。一方、大学の奨学金を獲得するという高い目標に対しても、昨年度に達成しました。

　このように高い目標に向けて挑戦することで、自分自身をより高めていくのが私のやり方です。そのため企業選びにおいても、挑戦できる環境がそこにあるのかを重視しています。

　その中で、貴社には手を挙げれば仕事を任せてもらえる制度があることを説明会やOB訪問会で伺いました。これであれば新たなことにも挑戦できる環境があると確信しています。

　だから私の企業選びのポイントとも一致しているので貴社を志望しております。

> **！　企業選びのポイントはエントリーシートに限らず面接でもよく問われます。**
> その際に考えるべきことは、エントリーシートを提出する（面接を受ける）企業が、自分の企業選びの軸に当てはまっているか？です。
> 企業側は、企業選びのポイントと、自社がマッチしているかを確認したくてこの質問をします。
> そのため、企業選びのポイントと、実際の志望企業が明らかに合っていない場合は、志望度が低いと判断されてしまいます。

添削例（その他）❷ あなたにとって「働く」とは何ですか？

Before

　私は、誰かを笑顔にすることだと考えます。

> 主語と述語を近接させた方が分かりやすいです。

　私は、大学生になって初めて働きました。

> 「働きました」でも悪くないですが、「働く経験」と質問の「働く」をそのまま使った方がより読み手の目線をひき付けます。

　ファーストフード店でアルバイトをしたのです。

> もし長く働いていたら「○年間」と書いてもよいですね。

　ファーストフード店でのアルバイトではチームで作業分担をしてお客様に商品を届けます。

> 「アルバイトでは」と限定する必要はないですね。

　その中で、担当するポテトの調理がより効率的にできるように練習を重ねました。

> 主語（私は）を入れた方が分かりやすいです。

　ラッピングの練習、接客の流れまで覚え、他のメンバーを手伝えるように取り組みました。

> 接続語を入れて、文章のつながりが読み手に分かりやすいようにしましょう。

　その結果、店長からは信頼され、マネージャーを任せてもらうまでになりました。

> 「店長からも」と、「店長だけではなく周りからも」というニュアンスを伝えましょう。

　そして、仕事を通して全体を見るとひとつ気づいたことがあります。

> 前文を受けて「マネージャーの」を補足した方が分かりやすい。

　それは、自分が働くことで多くの人を笑顔にできているということです。

> 「という」は削っても大丈夫な場合は削りましょう。

　サポートをすることでスタッフが、よい商品を提供することでお客様が笑顔になっていました。

> 前半部分を後半部分の形を揃え「〜することで笑顔になり」とした方が読み手の印象に残りやすい。

　これが私にとって大きなやりがいでした。

> ここは現在形にしたいです（今もやりがいと伝えたいので）。

　このように仕事は誰かを笑顔にすることだと実感しました。

> 質問内容を踏まえ、「仕事は」ではなく、「働くことは」にしましょう。

第3章　添削事例

After

　誰かを笑顔にすることだと私は考えます。

　私は、大学生になって初めて働く経験をしました。ファーストフード店で2年間アルバイトをしています。ファーストフード店ではチームで作業分担をしてお客様に商品を届けます。その中で私は、担当するポテトの調理がより効率的にできるように練習を重ねました。さらにラッピングの練習、接客の流れまで覚え、他のメンバーを手伝えるように取り組みました。

　その結果、店長からも信頼され、マネージャーを任せてもらうまでになりました。そして、マネージャーの仕事を通して全体を見るとひとつ気づいたことがあります。

　それは、自分が働くことで多くの人を笑顔にできていることです。サポートをすることでスタッフが笑顔になり、よい商品を提供することでお客様が笑顔になっていました。これが私にとって大きなやりがいにもなっています。

　このように働くことは誰かを笑顔にすることだと実感しました。

! 「働く」とは　のように、何かを定義する問題では、まずは定義を書いて、次にそう考えるきっかけとなったエピソード、最後にまとめが基本的な構成です。
定義の問題に正解はないので、どういう定義づけでもよいものの、エピソードと定義が一致する必要があります。
この回答のように、エピソードをうまく駆使して、まとめていくようにしましょう。

添削例（その他）❸ あなたの「誇り」を教えてください

Before

　私の誇りは、ピアノを3歳から今まで22年間、継続できていることです。 ― 常体（〜だ　〜である）、敬体（〜です　〜ます）を統一する。

　これだけ長く継続することは私以外にはなかなかできないことだと思っている。 ― 「〜こと〜こと」と「こと」が2回繰り返されているので可能であれば1回にしたい。

　体調が悪い時、スランプでうまく弾けないときなど様々な壁は存在した。 ― 1文中に「時」と「とき」の表記違いが存在しています。表記を統一したい。

　時には、「もう辞めたい」と泣いて、母親にお願いしたことがあった。 ― 「こども」1つの例として挙げているので「も」です。

　最後は逃げ出さず私は前を向いた。 ― 「接続語」を使いましょう。

　高い壁を乗り越え、今まで継続してきた。 ― 何を継続してきた？　補足して丁寧に伝えましょう。

　どんなに辛いときでも、必ずピアノを弾くという習慣を守り抜いた。 ― 「習慣」の部分はもう少し具体的に書けるはず。具体的に書いた方が読み手に大変さが伝わります。

　その結果、ピアノの技術だけではなく、「やればできる」という確信と、「諦めずに続けられた」自信を私は手に入れることができたのだ。 ― 「　」という○○と「　」という××と形を揃えて書いた方が、読み手は2つの要素を記憶しやすくなります。

　まさに私が長年に渡って諦めずにピアノを続けてきた経験こそが、今の私自身を作りあげている要素と言っても過言ではないと思う。 ― シンプルに書きましょう。

　これこそが私にとっての誇りになっている。 ― 質問で「誇り」とあるので、そちらに書き方を揃えておいた方が無難です。

　社会人になっても、私はこの「誇り」を胸に、頑張っていきたい。 ― 「頑張る」という表現ではなく、より具体的に書いた方が伝わりやすいです。

After

　私の誇りは、ピアノを3歳から今まで22年間、継続できていることだ。これだけ長く継続するのは私以外にはなかなかできないことだと思っている。体調が悪いとき、スランプでうまく弾けないときなど様々な壁は存在した。時には、「もう辞めたい」と泣いて、母親にお願いしたこともあった。

　それでも、最後は逃げ出さず私は前を向いた。高い壁を乗り越え、今までほぼ毎日練習に励み、ピアノを辞めずに継続してきた。どんなに辛いときでも、必ず1日1時間はピアノを弾くという習慣を守り抜いた。

　その結果、ピアノの技術だけではなく、「やればできる」という確信と、「諦めずに続けられた」という自信を私は手に入れることができたのだ。まさにピアノを続けてきた経験こそが、今の私を作っている要素である。これこそが私にとっての「誇り」になっている。

　社会人になっても、私はこの「誇り」を胸に、どんな困難な状況でも諦めずに立ち向かっていきたい。

! 「誇り」について書く設問です。
　私の「誇り」＝○○から始め、なぜ誇りに思うのかをエピソードを踏まえ書きます。
その後は、その「誇り」が自分にとってどのようにプラスに働いているのかを書くと読み手の理解も深まります。（本文では、「やればできる」という確信と、「諦めずに続けられた」という自信につながっている）
自分自身のアピールともつなげて書けるとよいでしょう。

添削例（その他）❹ 現在、あなたが考える「働きたい企業」とは

Before

私は、生き生きと働いている企業で働きたいです。

> 誰が生き生きと働いている？

私は、社員が生き生きと働いているからこそ、お客様によいサービスを提供できると考えています。

> 主語と述語は近接させたいです。「私は」の場所を移動させましょう。

実際、私がアルバイトをしていたときのことです。

> 何のアルバイトか書きましょう。読み手にイメージさせることが大切です。

疲れ切った状態で接客をしていて、少人数でお店を回していました。

> 因果関係を考えましょう。

これにより接客レベルは下がっていました。

> 接客レベルが下がったことを客観的に示す情報を書きたいです（クレームが増えた等）。

しかし、ある時、店長が変わり、劇的な変化が起こりました。

> 「変わり⇒代わり」よく間違う漢字なので要注意！

新店長は常にスタッフを気遣ってくれました。

> 少人数で店を回すことも問題だったのでその改善も必要ですね。

また、みんなで目標を共有できるようにし、頑張っていれば褒めてくれました。

> 「また」は「さらに」に置き換えてみましょう。

これによりアルバイトは生き生きと働くようになりました。

> 「生き生きと働けるようになった」だけではなく、そうなることでどういうメリット（売上が上がる等）があったのかを書きましょう。

この経験から、お客様によいサービスを提供するためには従業員が頑張らなければならないと強く感じました。

> この文章では「生き生き」というキーワードを使いたいですね。

私も社員の方とともに生き生きと働き、お客様に最高のサービスを提供したいです。

> 接続語を入れて、まとめましょう。

After

　私は、社員の方が生き生きと働いている企業で働きたいです。社員が生き生きと働いているからこそ、お客様によいサービスを提供できると私は考えています。

　実際、私が居酒屋のアルバイトをしていたときのことです。少人数でお店を回す必要があったため、疲れ切った状態で接客をしていました。これにより接客レベルは下がり、お客様からのクレームも少なくありませんでした。

　しかし、ある時、店長が代わり、劇的な変化が起こりました。新店長は常にスタッフを気遣い、アルバイトも増やしてくれました。さらに、みんなで目標を共有できるようにし、頑張っていれば褒めてくれました。これによりアルバイトは生き生きと働くようになり、業績も右肩上がりになりました。

　この経験から、お客様によいサービスを提供するためには従業員が生き生きとしなければならないと強く感じました。だからこそ、私も社員の方とともに生き生きと働き、お客様に最高のサービスを提供したいです。

！　「働きたい企業」について書く設問です。
　この設問では、自分の経験を踏まえるとともに、提出先の企業が「働きたい企業」に当てはまっていることも意識して書きましょう。
さらに、「働きたい企業」で働くことが、どういうメリットにつながるかも書けるとよいでしょう。
(「働きたい企業」で働くことで何ができるか)

ES 提出前チェックシート

エントリーシートを提出前にぜひともチェックいただきたい項目です。
本書の内容も踏まえ、最低限確認したい事項をまとめています。

チェック	項目	説明
☐	誤字・脱字はない	特に漢字の使い間違いは多いので注意（p.134 にて間違いやすい漢字を紹介）
☐	1 文 50 字以内になっている	1 文 50 字を超える場合は接続語を活用して、文章を 2 文に分けましょう！
☐	1 文目は 25 文字以内になっている	1 文目は特に短く伝える意識を持ちましょう。質問に的確に答えられているかも確認！
☐	表現が単調になっていない	伝えたいキーワード以外では単調にならない（〜こと〜こと〜、〜でき、〜でき〜　等）
☐	語尾が単調になっていない	「〜思う。〜思う。」のように続く場合は、「〜思う。〜考える。」のように修正する
☐	表記のルールを統一できている	漢数字（一、二、三）と洋数字（1.2.3）は統一する ※ PC を使う場合は、半角 / 全角も統一
☐	制限文字数まで書けている	目安は制限文字数の 95% 以上（400 字→380 字以上　200 字→190字以上）
☐	同じ接続語を使っていない（※制限文字数 400 字以下の場合）	制限文字数が 400 字以内の場合は、同じ接続語は使わないのが基本
☐	逆接の後を短く書けている	逆接（しかし）の文章はできる限り短くして、伝えたい内容を明確に書くのがポイント

あとがき

　就職することがゴールではなく、社会人としてのスタートになります。
　本書では、社会人として活躍していただくために、文章の書き方にフォーカスした内容でお伝えしてきました。
　当然、ここでお伝えした内容をマスターしていただければ、エントリーシートの選考でも高い合格率を実現できるはずです。
　ぜひ就職活動時に最大限にご活用ください。
　また、社会人になっても相手に伝わりやすい文章を書くための参考書としてご活用いただければ幸いです。

　内定塾では、毎年約1000程度の学生の就職活動を支援しております。
　一人ひとりの学生の個性を最大限に生かすために、面談を重ね、学生と一緒に「正解のない就職活動でそれぞれの正解を」求めて取り組んでいます。
　今年も、東京と大阪を中心に「内定塾無料体感セミナー」を開催しております。
　就職活動のやり方や流れを分かっていただくとともに、実際に体感できる内容にしていますので、ぜひお気軽にご参加いただければ幸いです。
　入塾をまったく考えていない学生もぜひこの機会にセミナーにて、就職活動を体感いただければと思います。

「企業と学生とのミスマッチを減らし、社会で自分らしく活躍できる人材を輩出する」
　この想いでこれからも多くの学生を支援していきたいと考えております。

宮川洋

〈内定塾ホームページ〉
　http://www.naitei-jyuku.jp/ （「内定塾」と検索してください）

高嶌 悠人（たかしま ゆうと）

「内定塾」講師。北海道出身。慶應義塾大学法学部政治学科卒。講義や面談を通じ、生徒を毎年さまざまな業界に輩出している。自己分析をもとにした、エントリーシートの作成に定評がある。自身の就職活動時には広告業界の電通と博報堂から内定を獲得。電通に入社後は、大手企業の広告提案営業を担当するかたわら、母校医学部のアイスホッケー部コーチに就任。その経験を機に、「学生と深く関わり、人生を充実させるきっかけを作れる仕事に就きたい」との想いから、内定塾を運営する株式会社ガクーに入社、現在に至る。

宮川 洋（みやがわ よう）

「内定塾」創業者、塾長。大阪府出身。神戸大学大学院自然科学研究科修了。株式会社ガクー代表取締役として会社経営に携わる傍ら、時間を見つけては、講義や個別面談を行なうなど、現在も内定塾で学生と接している。神戸大学大学院修了後、アクセンチュア株式会社に入社。金融コンサルタントして働きながら、プライベートの活動で、就活講座やエントリーシート添削など、就職活動生の支援を独自に開始。学生からの要望が大きくなった段階で、アクセンチュアを退社。一念発起し、株式会社ガクーを設立。就職活動支援塾「内定塾」を開校し、現在に至る。

内定塾

2005年8月から就職活動支援塾「内定塾」を東京・日本橋（東京校）で運営し、2009年8月に就職活動生の支援を大阪・梅田（大阪校）で開始する。内定塾塾生（2012年度実績）は両校併せ約1,000人、運営開始からサポートしてきた塾生がのべ5,000人にも及ぶ業界最大級の就職活動支援塾。

【内定塾HP】 http://www.naitei-jyuku.jp/
　　　　　　東京校、大阪校ともに通学制

【問い合わせ先】

［東京校］　〒103-0027　東京都中央区日本橋3-8-14　日本橋ビル1階・4階
　　　　　　TEL 03-3276-1711

［大阪校］　〒530-0057　大阪府大阪市北区曽根崎2-16-19　りそな梅田ビル6階
　　　　　　TEL 06-6313-0003

DTP・デザイン	合原孝明
編集協力	中村圭伸，中山佑子
編集担当	斎藤俊樹，三田智朗

今までなかった
エントリーシート・履歴書の文章講座

2012年11月20日　第1刷発行

著　者 ────	高嶌悠人　宮川　洋
発行者 ────	前田俊秀
発行所 ────	株式会社三修社
	〒 150-0001　東京都渋谷区神宮前 2-2-22
	TEL 03-3405-4511　FAX 03-3405-4522
	振替 00190-9-72758
	http://www.sanshusha.co.jp/
印刷製本 ────	壮光舎印刷株式会社

©2012 Printed in Japan　　ISBN978-4-384-04520-8 C2036

〈日本複製権センター委託出版物〉
本書を無断で複写複製（コピー）することは，著作権法上の例外を除き，禁じられています。本書をコピーされる場合は，事前に日本複製権センター（JRRC）の許諾を受けてください。JRRC〈http://www.jrrc.or.jp　email:info@jrrc.or.jp　Tel:03-3401-2382〉